사회학적으로 먹기

음식과 사회

음식과 사회
– 사회학적으로 먹기

초판 1쇄 발행 2020년 2월 20일
초판 2쇄 발행 2020년 8월 10일

–

지은이 김철규
펴낸이 이방원
편 집 윤원진 · 김명희 · 안효희 · 정조연 · 정우경 · 송원빈 · 최선희
디자인 양혜진 · 손경화 · 박혜옥
영 업 최성수 **기획 · 마케팅** 정조연

–

펴낸곳 세창출판사
출판신고 1990년 10월 8일 제300–1990–63호
주소 03735 서울시 서대문구 경기대로 88 냉천빌딩 4층
전화 02–723–8660 **팩스** 02–720–4579
이메일 edit@sechangpub.co.kr **홈페이지** http://www.sechangpub.co.kr/
블로그 blog.naver.com/scpc1992 **페이스북** fb.me/scp1008 **인스타그램** @pc_sechang

–

ISBN 978–89–8411–876–8 03330

이 도서의 국립중앙도서관 출판시도서목록(CIP)은 서지정보유통지원시스템 홈페이지(http://seoji.nl.go.kr)와
국가자료공동목록시스템(http://www.nl.go.kr/kolisnet)에서 이용하실 수 있습니다.(CIP제어번호: CIP2020004656)

이 책은 고려대학교 문과대학 박준구기금 인문교양총서 지원으로 출간되었습니다.

사회학적으로 먹기

음식과 사회

· 김철규 ·

세창출판사

잘 먹는다는 것은 무엇일까. 1980년대까지만 해도 허기지지 않고, 더 많이 먹는 것이 한국인들의 목표였던 것 같다. 하얀 쌀밥을 배불리 먹는 것이 꿈이던 시대가 있었다. 뱃살이 인격이고, 여유로움의 상징이던 때였다. 하지만 빈곤의 시대가 끝나고, 삶의 질이 높아지면서 사람들의 생각과 입맛이 바뀌었다. 음식의 질과 문화에 대한 관심이 커졌다. 한편에서는 한국의 전통음식 혹은 한식을 재조명하는 작업이 이루어지고 있다. 다른 한편에서는 세계 각국의 요리들이 소개되고, 그중 몇몇은 우리 식단의 일부가 되고 있다. 유명 셰프들이 방송에서 친근한 모습으로 각종 요리를 소개한다. 음식을 먹고, 반응을 보여 주는 '먹방(먹는 방송)'의 인기가 뜨겁다. 소비민주주의의 시대를 맞아 누구나 음식에 대해 이야기하고, '좋아요'를 누른다.

그래서 우리는 더 잘 먹고 있는가. 좋은 음식good food이란 무엇일까. 이 책은 이런 질문을 염두에 두고 기획되었다. 맛있는 음식을 먹는 것도 중요하지만, 생각하며 먹는 것도 필요하기 때문이다. 이 책에서는 음식을 사회학적 관점에서 생각해 보고자 한다. 인간은 생존을 위한 필수 요소인 '먹이'를 사회적으로 재구성하고, 문화적 의미를 부여함으로써 '음식'으로 만들어 왔다. 현대인들은 사냥이나 채집이 아니라 농사, 가공, 무역, 외식, 구매, 조리 등의 긴 과정을 거치고 나서야 먹는 것이다. 이 과정에는 당연히 다양한 행위자, 조직, 문화 등이 개입된다. 이 책에서는 바로 이러한 여러 요소들을 밝혀내고, 음식의 사회관계적 측면을 부각하고자 한다.

이를 위해 이 책은 총 8개의 장으로 구성되었다. 첫 장에서는 현상을 바라보는 포괄적 관점이자 사고의 방법인 사회학적 상상력을 소개한다. 개인과 사회구조를 연관시키는 사유의 방식인 사회학적 상상력이 음식과 관련해서도 중요하다는 점을 강조했다. 내가 먹는 한 끼의 식사가 사회구조와 식품체계의 산물임을 바라보자는 취지이다. 2장에서는 최근 들어 빠르게 발전하고 있는 음식사회학의 이론적 틀 몇 가지에 대해 설명한다. 기능주의적 시각, 구조주의적 시각, 역사적-발전적 시각, 그리고 식량체제론적 시각 등을 통해 음식을 다양한 방식으로 이해할 수 있음을 보여 주었다. 더불어 상품체계분석을 소개하여, 음식의 생애주기 전체를 통합적으로 분석하는 방법에 대해 설명하였다.

3장에서는 현대사회 변화의 큰 흐름들이 어떻게 음식 관련 체계를 근본적으로 변화시켰는가를 설명한다. 현대적인 식품체계를 형성하도록 한 구조적인 변화와 중요한 특징을 주요 개념과 경험적 자료를 통해 제시하였다.

4장부터 7장까지는 음식 소비와 관련된 주제들을 다루었다. 4장에서는 한국인들의 음식 소비 변화 전반에 관하여, 경험적 자료를 통해 검토하였다. 쌀 소비의 감소, 밀 소비의 증가, 육류 소비의 증가, 설탕류 소비의 증가 등이 주목할 만한 변화이며, 이것이 진행되었던 사회과정을 조망했다. 5장에서는 1970년대 이후 빠르게 증가해 온 고기 소비 변화의 다양한 양태를 분석했다. 쇠고기의 대중화, 수입 고기의 증가, 삼겹살의 등장, 치킨 소비문화 등을 다루었다. 더불어 급증하는 육류 소비를 감당할 수 있는 지속 가능한 육류체계가 가능할 것인지에 대해 묻는다. 6장에서는 우리 눈에 잘 보이지 않지만, 현대 식품체계의 중심부에 진입한 설탕에 대해 논의한다. 한국인의 1인당 설탕 소비량은 1960년대 이후 20배 가까이 증가했다. 하지만 설탕을 직접 섭취하는 경우는 거의 없다. 가공식품을 통해 엄청난 양을 섭취하게 된 것이다. 빵, 과자, 각종 음료 등에 설탕이 숨어 있다. 이는 건강을 위협하는 주요 요인이기도 하다. 이어지는 7장에서는 음식과 건강에 대해 본격적으로 논의한다. 우리가 다량으로 섭취하는 육류와 산업적 가공식품들이 개인과 사회의 건강을 해친다는 점을 경험적 자료를 통해 설명했다. 또한 채식이 가질 수 있는 사회적 의미에 대해서도 생각해 보았다.

마지막으로 8장에서는 음식을 통해 생각하고, 행동해야 할 필요에 대해 강조했다. 식량 자급, 식량주권 등에 대해 논하며, 지속 가능한 먹거리체계에 대한 고민으로 글을 마무리 지었다.

음식에 대해 본격적인 관심을 갖게 된 지는 4~5년쯤 되는 것 같다. 예전부터 먹는 것 좋아하고, 다양한 음식에 개방적이고, 음식 관련 이야기도 즐겨 했지만 학문적 관심을 갖지는 못했다. 한국의 자본주의 문제와 농업을 주제로 박사학위 논문을 쓰고, 거시적인 차원에서 먹거리 정치경제학에 관심을 가져 왔을 뿐이다. 운 좋게 약 10여 년 전부터 뜻이 맞는 연구자들과 로컬푸드나 대안 먹거리운동에 대해 공부하게 되었다. 자연스럽게 음식의 소비나 문화와 같은 이슈들에 대해서도 흥미를 갖게 되었다. 음식 전문가들과의 대화를 통해 시야도 넓힐 수 있었다. 그런 의미에서 이 책은 개인적 성과이기도 하지만, 동시에 음식에 대해 오랫동안 함께 공부해 온 연구자들과의 집합적 연구 성과라고 할 수 있다. 지적 동지들을 만날 수 있었던 것은 큰 복이 아닐 수 없다. 함께 먹고 공부하며 음식의 깊고 넓은 세계를 알게 해 준 김선업, 김흥주, 안윤숙, 윤병선, 이해진, 정혜경 선생님께 고마움을 전한다. 저술 지원을 해 준 박준구 대표님과 인내심을 갖고 꼼꼼하게 책을 만들어 준 세창출판사의 윤원진 선생님께 깊이 감사드린다.

오랫동안 병환 중에 계시는 '집밥 전문가' 어머니께 이 책을 바친다.

2020년 2월 안암동에서 김철규

차례

1장

음식과 '사회학적 상상력'

　모든 인간은 먹어야 산다. 긴 역사 동안 인류라는 종은 음식물의 섭취를 통해 자신과 그 자손들의 생존을 유지해 왔다. 사회적 존재로서의 인간은 다른 종들과는 달리 먹거리를 구하는 방식에 큰 변화를 추구해 왔다. 수렵이나 채취에서 시작하여 농업과 식품의 산업적 생산에 성공한 것이다. 음식과 먹기에 대해 이해하기 위해서는 이러한 인간의 특성을 고려해야 한다. 좀 더 이론적으로 이야기하자면, 인간의 모든 활동은 사회적이며, 역사적으로 구성된다. 음식과 관련된 다양한 행위도 마찬가지이다. 즉 음식을 생산하고, 조달하고, 소비하고, 처리하는 방식 모두가 사회적 조건과 조응하며 변모해 왔다. 즉 그것은 인간의 조직, 문화, 제도 등과 깊이 관련되는 것이다.

우리는 현재 21세기 초반 한국에 살고 있다. 21세기라고 하는 시간의 틀과 한국이라는 특정한 공간에서 먹고 마시며 살고 있다는 말이다. 이 시간과 공간이 의미하는 바가 무엇인가를 간단히 살펴보는 것은 우리가 무엇을 먹는가를 이해하는 데 매우 중요하다. 삶의 모든 현상이 그러하듯, 음식과 관련해서도 그것을 둘러싼 사회구조에 대한 지식이 필요한 것이다.

우리가 살고 있는 이 시공간의 특징은 자본주의, 도시화, 산업화 등으로 표현할 수 있다. 한국은 자본주의 사회이며, 지난 50여 년 동안 급격한 도시화와 산업화를 경험했다. 그리고 한국인의 사고와 행위를 지배하는 중요한 문화적 특징으로는 합리성을 꼽을 수 있다. 그렇다면 각각의 개념은 사회학적으로 어떤 의미가 있는지에 대해 알아보자.

자본주의란 시장 기제market mechanism가 사회질서와 운영에 있어 지배적 규범인 사회체계를 의미한다. 시장은 상품의 교환이 이루어지는 공간인데, 자본주의의 특징 가운데 하나는 노동이나 자연처럼 공장에서 생산될 수 없는 것들까지 상품으로 시장에서 거래되는 경향이 강하다는 점이다. 노동시장이나 이산화탄소 배출권 같은 용어가 점차 일반화되고 있는 것이다. 노동, 보다 엄밀하게 노동력은 사실 전인격적 인간의 일부에 불과하다. 그럼에도 불구하고 자본주의 사회에서 노동력이 거래되면서, 인간 전체가 상품으로 취급되는 경향이 두드러진다. 음식은 인간의 몸과 건강을 지켜 주며, 쌀, 닭고기, 채소 등은 자연의 일부임에도 불구하고 모두 단순한 상품으로 간주되어 시장에서 교환하도록 강요되는 것이 자본주의 사회의 특징이라고 할 수 있다.

도시화urbanization는 보통 인구를 기준으로 다수의 사람들이 도시에 집중되는 현상을 의미한다. 이는 농촌의 빈곤이라는 배출요인에 의한 것일 수도 있고, 일자리나 교육과 같은 도시의 흡인요인 때문일 수도 있다. 한국의 경우 본격적인 경제성장이나 산업화가 진행되기 이전인 1950~1960년대부터 서울과 같은 도시로의 인구 집중이 이루어졌다. 이는 농가경제의 어려움 때문에 다수의 개인이 기회를 찾아 도시로 이주한 결과이다.

산업화/공업화industrialization란 농업이 점차 쇠퇴하고 공업이 한 사회의 지배적인 산업이 되는 과정을 의미한다. 대부분의 사회가 예전에는 농업에 의지했다면, 18세기 이후 유럽을 필두로 20세기에 들어서는 많은 제3세계 지역들이 산업화를 경험하게 된다. 한국도 1960년대 이후 정부 주도로 급격한 산업화를 경험하였고, 이 과정에서 농업은 쇠퇴하고 공업이 발전하게 되었다.

정리하면, 1960년대 이후 한국은 자본주의적 경제발전을 이루게 되는데, 그 과정에서 급격한 도시화와 산업화를 경험하였다. 일반적으로 근대화로 표현되었던 이 큰 사회변동 과정에서 정부가 대단히 중요한 역할을 했다. 강력한 국가기구가 근대화를 추진했으며, 이 과정에서 한국사회 전체가 구조적 변화를 경험하였고 이는 먹거리의 생산, 조달, 소비 방식에도 커다란 변화를 초래했다. 앞으로 음식체계의 변화를 논의할 때, 이러한 사회변동의 구조를 고려할 것이라는 점을 분명히 해 둔다.

우리가 먹는 것은 다양한 사회관계의 산물이다. 예를 들면, 최근 들어 급격하게 소비가 증가한 커피 한 잔만 해도 많은 사람 간 상호작용을 통해 만들어진다. 우선 원두는 저 멀리 케냐에서 왔을 것이다. 케냐의 대규모 커피 농장에서 일하는 여성과 어린이들은 장시간의 노동을 통해 콩을 수확하고, 최저생계비에도 못 미치는 임금을 받았을지 모른다. 이렇게 수확된 커피는 커피 무역상을 통해 매집되어, 세계 각지의 원두 도매상에 판매된다. 그 가운데는 글로벌 커피 체인점의 구매 담당자들도 있을 것이다. 그들에 의해 각국에 원두가 공급된다. 그리고 개별 국가의 커피 조달 담당자들은 국내의 로스팅 공장에서 커피를 볶아 각 지점에 공급한다. 이런 과정이 마무리되고 나서야 마침내 소비자들은 근처의 커피숍에서 최저임금을 받는 아르바이트 직원이 만들어 준 한 잔의 따뜻한 커피를 마시게 된다. 즉 우리는 한 잔의 커피를 통해 제3세계의 아동 노동자, 초국적 커피 중개상, 글로벌 커피 프랜차이즈 회사, 로스팅 전문가, 그리고 실제 커피를 내려 주는 아르바이트 직원을 만나게 되는 것이다.

이 '관계'는 사람들만의 그것을 의미하지는 않는다. 여기에는 전 지구적인 자연과의 관계망 역시 작동하고 있는 것이다. '햄버거 커넥션 hamburger connection'이라는 표현이 있다. 한 자료에 따르면 매 초당 약 200명의 미국인이 햄버거를 소비한다고 한다. 그런데 이 햄버거에 필요한 고기는 중남미 등 외국으로부터 수입된다. 소를 사육하기 위해 중남미 농지의 2/3가 축산단지로 변했는데, 이들 농지의 상당 부분은 열대우림을 벌목해서 만들어진 것이다. 결국 미국인들의 햄버거 소비는 열대우림을 대량으로 파괴하고, 이는 지구 온난화의 원인이 되고 있다. 지구의 온난화는 빙하를 녹여 해수면을 높이고, 그 결과 지표가 낮은 지역은 수몰된다. 대표적인 예가 평균 지표 높이가 1.5m 정도인 몰디브 지역으로, 섬 전체가 수몰될 위기에 직면하고 있다. 햄버거의 소비가 결과적으로 몰디브 주민의 이주와 연결되는데, 이를 햄버거 커넥션이라고 부르는 것이다.

개별적인 것으로 보이는 현상을 관계망 속에 위치시켜 전체 그림을 이해하고 구조를 발견하는 사유방식을 미국의 사회학자 밀즈C. Wright Mills는 '사회학적 상상력sociological imagination'이라고 표현했다. 우리는 이 책에서 사회학적 상상력을 활용하여 음식과 먹기에 대해 설명할 것이다. 사적이고 개인적인 것으로 보이는 음식 관련 행위가 사실은 다양한 사람, 문화, 제도와 깊이 관련된다는 점을 강조하고자 한다.

음식이란 무엇인지에 대해 생각해 보도록 하자. 『한국민족문화대백과사전』은 음식을 "사람이 먹고 마시는 것의 총칭"이라고 정의하고 있다. 영어로는 food, dish, meal 등으로 번역된다. 비슷한 말로는 식품, 먹거리, 요리 등이 있는데, 각각은 맥락에 따라 다른 의미를 가진다. 식품은 앞에서 설명한 산업사회에서 가공된 상품의 느낌을 주며, 먹거리는 덜 조리된 것까지 포함한 보다 포괄적인 개념이라고 할 수 있다. 반면 요리는 조리 등 문화적 개입이 더 많이 이루어진 음식으로 볼 수 있다. 이 책에서는 각각의 용어를 맥락에 따라 모두 사용할 것이다.

사람들은 왜 먹는가? 몇 가지 이유를 생각할 수 있을 것 같다. 첫째, 살기 위해서 먹는다. 생명체로서 생존하고, 성장하고, 건강을 유지하기 위해서는 먹어야 한다는 것은 모든 종에 보편적인 특징이라고 할 수 있다. 인간도 예외일 수 없다. 둘째, 즐거움 혹은 쾌락을 위해서 먹는다. 맛있는 음식이 주는 즐거움은 매우 중요하다. 따라서 단순히 생존이 아니라 입과 혀의 즐거움을 위해 다양한 방식으로 음식을 개발하고, 요리를 발전시킨 것이 인간의 특징이다. 즉 요리가 인간의 '먹기'에 있어 매우 중요하다. 셋째, 사회적 관계를 확인하고, 조직을 유지하기 위해 먹기도 한다. 제사 때의 음복이나 한국인의 직장생활에서 강조되는 회식 등은 음식의 사회적 기능을 보여 주는 예이다. 사회적 존재로서의 인간에게 있어 음식을 나누는 것은 친밀성과 연대를 확인하는 중요한 매개물인 것이다.

이 책의 제목은 '음식과 사회'이다. 앞에서 음식에 대해 설명했는데, 그렇다면 사회는 무엇인가? 보통 사회는 다양한 행위자들의 상호작용에 의해 만들어진 조직을 의미한다. 알기 쉽게 이야기하면 사회는 사람, 조직, 그리고 문화로 구성된다. 다수의 사람이 모여야 하며, 그들이 모여 상호작용함으로써 가족, 학교, 회사, 그리고 국가 같은 조직들이 만들어진다. 이 사람들이 서로 공유하는 규범이나 가치관을 문화라고 한다. 한국인들은 한국사회에서 오랫동안 살면서 가족을 비롯한 다양한 조직이나 사람들로부터 한국사회의 문화를 내면화하게 되는 것이다. 따라서 한국인들은 미국인들과는 다른 독특한 한국의 문화를 갖게 된다. 문화는 유전자 안에 있는 것이 아니라 자신이 속한 조직으로부터 학습되는 것이다.

정리하면, 음식은 사회와 깊은 관계를 맺는다. 구체적으로 말하자면 음식은 사람(예컨대 나 자신)과 조직(가족), 그리고 문화(한식)와의 관계 속에서 만들어지고 소비된다. 예컨대 한국인들은 오랜 역사를 가진 한국의 음식문화에 의해 사회화되었으며, 각 집안의 '손맛'에 따라 선호하는 음식 종류가 있다. 어떤 사람은 조개를 넣은 된장찌개를, 또 어떤 사람은 쇠고기를 다져 넣은 된장찌개를 좋아한다. 음식 선호에 대해서 예를 들었지만, 음식 생산, 조달, 소비, 폐기 등도 모두 사회 관계망 속에서 이루어진다는 점을 강조하고자 한다. 매우 사적이고 개인적인 것으로 보이는 '음식'과 '먹기'가 사실은 다양한 사회적 요인들과 상호작용하는 것이다.

'사회학적 상상력'이란, 미국의 사회학자 밀즈가 같은 제목의 책에서 사용한 개념이다. 이는 개인적인 고충이라고 생각되는 것이 사실은 사회적 문제라는 점을 알게 해 주는 사유의 방식이다. 사람들은 자신이 겪는 어려움이나 현실을 자신에게만 발생하는 것으로 생각하고, 스스로에 파묻혀 버리는 경향이 있다. 하지만 자기 자신과 당면한 문제를 보다 객관화하여 생각해 보면, 유사한 문제에 직면한 사람들이 여럿이며 그 문제를 야기한 구조적인 원인이 있다는 사실을 알게 된다.

따라서 문제의 해결도 사회적인 차원에서 모색할 수 있게 되는 것이다. 유사한 사유의 방식을 음식과 관련해서도 적용할 수 있다. 굶주림이라든지 비만과 같은 현상을 단순히 개인의 책임으로 환원해서 생각하지 않고, 사회적인 차원에서 이해하려는 노력이 필요한 것이다. 음식을 사회학적으로 생각하고, 사회학적으로 먹는 데 이 책이 기여하길 기대한다.

○ 추천하는 책

마이클 캐롤란(김철규 외 역), 2013, 『먹거리와 농업의 사회학』, 따비.
허남혁, 2008, 『내가 먹는 것이 바로 나』, 책세상.

2장

음식의 사회학 – 이론적 관점과 방법론

우리의 관심은 21세기 현재의 '음식'과 '먹기'에 있다. 1장에서 음식은 사회적인 것이며, 음식과 먹기를 제대로 이해하기 위해서는 사회학적 상상력이 중요하다고 주장했다. 오늘날 우리가 먹는 음식과 먹는 행위는 현대사회의 변동, 즉 자본주의의 발전, 산업화, 도시화 등과 깊이 관련된다. 이러한 현대사회의 변화 속에서 형성된 먹거리의 구조를 '현대 식품체계modern food system'라고 한다. 이 책의 논의는 현대 식품체계를 중심으로 진행될 것이다.

본격적으로 현대 식품체계에 대해 설명하기 전에 과거의 '전통 식품체계traditional food system'는 어떤 것이었는지에 대해 간략하게 검토하도록 하자. 이런 작업은 과거를 아는 데 필요할 뿐 아니라, 우리가 앞으로 논의할 현대 식품체계의 특징을 더 선명하게 드러내는 데도 도움이 되기 때문이다.

전통 식품체계

전통사회는 대체로 농업과 같은 제1차 산업을 기반으로 움직였으며, 사람들은 시장에 내다 팔기보다는 자신의 먹거리를 충당하기 위해서 농사를 지었다. 자신의 소비를 충족하고 남은 잉여는 지역의 시장 혹은 장터를 통해 교환되기도 했다. 냉장시설이나 운송수단도 발달하지 않았기 때문에 주로 제철에 나는 식자재를 중심으로 음식이 조리되었다. 지금과 같은 가축의 대량사육은 가능하지 않았으므로 육식 소비는 특별한 날에만 제한적으로 이루어질 수밖에 없었다. 예컨대 제사나 결혼 혹은 환갑과 같은 날이다. 또한 집 밖에서 식사를 하는 것은 매우 흔치 않은 일이었다. 요즘과 같은 외식문화는 존재하지 않았고, 여행객을 위한 주막이나 상류층을 위한 특별한 주점 또는 식당이 있었다.

정리하면, 전통적인 식품체계에서 사람들은 주로 집에서 식사를 했는데, 음식 재료는 대개 지역에서 생산된 제철 농산물을 활용했다. 그리고 화폐에 의해 작동하는 시장 기제는 식자재나 음식의 조달에 있어 큰 역할을 하지 않았다.

현대 식품체계

🍴

현대 식품체계는 전통적 식품체계와 여러 면에서 달라졌다. 특히 20세기 들어 자본주의가 급격하게 발전하고, 산업화 및 도시화가 진행되면서 다양한 사회적 변화가 일어났다. 또 과학기술의 발전에 의해 장거리 교통수단과 냉장기술이 널리 활용되고 있다. 도시의 인구 집중은 대규모의 식량 수요를 발생시켜, 농업의 대량생산체계를 필요로 하였다. 현대 식품체계에서 사람들은 전 세계적으로 생산된 식자재를 활용하여, 집에서 간단한 조리를 하거나 식당이라고 불리는 집밖의 장소에서 식사를 하게 되었다. 즉 외식산업이 발달하게 된 것이다. 현대 식품체계의 특징들을 몇 가지로 정리해 보자.

첫째, 식자재의 대량생산을 위해서 농업의 산업화가 진행되었다. 즉 곡물을 대량으로 생산하기 위해 광활한 농지에 한 작물, 예컨대 밀을 한꺼번에 파종하고, 비행기로 농약을 살포하고, 농기계로 수확하는 생산방식이 자리를 잡게 되었다. 예전에는 작은 규모의 농지를 가진 농부가 자신의 땅에서 여러 작물을 조금씩 생산했다면, 이제는 기업형 농가가 거대 규모의 농지에 한 작물을 재배하게 된 것이다. 소위 '규모의 경제'를 활용한 소품종 대량생산이 현대 농업 생산의 지배적인 방식이 되었다. 현대 식품체계에서 소비자들은 자신이 먹는 음식이 어디에서 생산된 것인지에 대해서 별로 중요하게 생각하지 않게 되었다. 대부분의 도시 소비자들은 대규모 매장에서 음식물을 구입하게 되면서 다양한 식품을 사시사철 싼 가격에 구하고자 하는 것이다.

둘째, 대형 식품 매장이 20세기 중반 이후 급격하게 발달하고, 식품 체계 전체에서 매우 중요한 역할을 담당하게 되었다. 예컨대 홈플러스, 롯데마트, 이마트 등의 대형 마트들은 엄청난 양의 음식물들을 전 세계에서 조달하여 국내 소비자들에게 공급하고 있다.

셋째, 식품산업이 크게 발전하였다. 전통 식품체계의 음식 사슬food chain은 매우 단순했다. 농지에서 생산된 농산물은 직접 주방에서 조리되어 식탁에 오르는 경우가 많았다. 기껏해야 한 농부가 생산한 식자재가 지역의 시장에서 거래되고 다른 가정의 부엌에서 조리되어 식탁에 올라오는 경우가 조금 복잡한 과정이었다. 하지만 이제 많은 농산물은 복잡한 가공을 거친다. 다양한 농산물이 가공식품을 위한 '재료'로 활용되어, 혼합되고, 재탄생된다. 과자, 음료, 사탕 등은 밀, 옥수수, 각종 식품첨가물 등이 섞여서 새롭게 만들어진 식품이다. 그뿐만 아니라 식사 대용으로 널리 자리 잡은 라면과 같은 인스턴트 국수 역시 밀뿐 아니라 다양한 가공 식자재로 만들어졌다. 이렇듯 현대인들은 식품 기업이 준비한 가공식품을 많이 섭취하게 되었다.

넷째, 경제성장과 소득의 증가에 따른 육류의 대량소비와 그에 조응하는 공장형 축산이 확산되었다. 예전에 가축은 농사에 필요한 농기구의 역할을 했기 때문에 비상시 혹은 특별한 행사를 위한 식품이었다. 하지만 오늘날 가축은 고기를 상시적으로 공급하기 위해 대량으로 사육된다. 즉, 공장형 축산 혹은 집중사육형 축산Concentrated Animal Feeding

Operation: CAFO이 자리 잡게 된 것이다. 공장형 축산은 대량의 사료를 필요로 하는데, 이는 앞에서 이야기한 첫 번째 특징 즉 산업형 농업을 통해 생산된 곡물로 충당된다. 즉 공장형 축산은 곡물의 산업적 재배와 함께 발전했던 것이다.

다섯째, 음식 조리와 소비에 있어 가정의 중요성이 감소하고, 가족과의 관계 역시 약화되었다. 사람들은 더 많은 시간을 직장에서 보내며 식사 역시 직장 혹은 직장 근처의 식당에서 한다. 더불어 여성의 노동시장 참여가 증가하고, 혼인율이 저하되고, 1인 가구가 증가하면서 가부장적 질서에 기반한 전통적인 식사 형태가 해체되고 있다. 이에 따라 외식이 증가하고 있는데, 그 장소는 소규모 고급 식당에서 저가의 대규모 프랜차이즈 식당까지 다양하다. 분명한 것은 전통적인 사회적 공간으로서의 가정의 중요성이 줄어들고, 전문적으로 음식을 제공하는 상업적 공간이 중요해지고 있다는 점이다.

이제부터는 음식을 바라보는 몇 가지 이론적 관점에 대해 소개한다. 기능주의적 시각, 구조주의적 시각, 역사적-발전적 시각 그리고 식량체제론적 시각 등으로, 이들은 음식을 다양한 관점에서 생각해 보는 데 도움을 줄 수 있을 것이다.

먹거리 사회학의 주요 이론

🍴

기능주의적 시각

기능주의적 시각은 1960년까지 사회과학의 지배적인 이론이었다. 이 입장의 가장 중요한 특징은 어떤 사회적 현상이든 사회 전체의 안정과 질서에 기여한다고 본다는 점이다. 사람의 머리, 손, 발, 몸통 등이 각기 다른 기능을 수행하지만 궁극적으로는 사람이라는 유기체의 작동과 유지에 기여하는 것과 마찬가지로, 사회의 여러 단위들(개인, 가족, 기업, 종교)과 그것들의 개별적인 행위들은 사회 전체의 안녕을 위한 것이라고 본다. 기능주의적 시각은 음식과 먹기에 관해서도 이와 유사한 설명을 제공한다. 한 사회의 구성원들이 먹는 음식과 먹는 행위는 그 사회의 질서를 위해 기능한다고 보는 것이다. 특히 음식의 의례적 측면을 강조하며, 식습관은 그 사회의 가치와 규범을 반영한다고 본다. 예를 들면, 제사 때 가족과 친척들이 모여 특정 음식을 올리고, 제사 후에 음복을 하는 것은 참여자들의 정체성과 유대를 강화한다. 제사 음식을 먹으며 조상들에 관한 이야기를 나누는 것은 구성원들이 한 조상을 둔 한 핏줄이라는 공동체 의식을 강화하며, 그 가족과 문중의 유지와 재생산에 기여한다는 것이다. 범위를 넓혀, 명절 때 송편이나 떡국 등의 음식을 먹는 것은 같은 민족 공동체의 정체성을 강화하는 기능을 한다고 할 수 있다.

기능주의적 시각에서 바라보면, 하나의 식품체계는 사회 전체의 안정적 유지를 위한 하위 단위이다. 즉 먹거리 생산, 유통·조달, 소비, 쓰레기 처리 등의 과정을 안정적으로 유지하기 위해 다양한 개인(농민, 산지 구입상, 도매상)과 조직(생산자 조직, 식품회사, 슈퍼마켓) 등이 조화로운 기능을 수행하고 있다. 그 결과 소비자는 별 탈 없이 음식을 먹을 수 있으며, 음식 섭취를 통해 개인과 가족이 유지되고, 자녀를 출산하여 사회를 지속할 수 있게 된다. 이런 시각에서 보면, 현재 우리가 의존하고 있는 식품체계는 변화하는 환경에 적응하여 진화해 온 매우 합리적이고 우월한 제도 혹은 조직망이라고 할 수 있다. 식품체계에서 발견되는 문제점들 역시 체계의 조정과 조율을 통해 해결할 수 있는 것들로, 큰 문제는 아니라고 본다.

구조주의적 시각

구조주의적 시각은 주로 음식의 문화적 측면에 관심을 두는데, 음식이나 먹기에 내재되어 있는 규칙에 주목한다. 즉 음식에 관한 취향food taste에는 그것을 만들어 내는 심층구조가 있다고 보는 것이 구조주의적 시각이다. 특히 음식의 분류, 조리, 조합 방식을 지배하는 규칙에 초점을 맞추는데, 대표적인 구조주의자로는 프랑스의 인류학자 레비스트로스Lévi-Strauss가 있다. 레비스트로스에 따르면 인간과 동물의 차이 가운데 하나는 먹거리의 '조리cooking' 여부이다. 문화적 존재인 인간만이 먹거리를 조리하기 때문이다. 조리는 먹기 영역에서 자연을 문화로 변형시키는 과정이며, 인류가 가지는 먹거리 준비의 보편적 규칙이다. 그는

'음식의 트라이앵글culinary triangle'이라는 개념을 사용하며 날것의 먹거리, 부패, 그리고 조리된 먹거리의 세 종류를 구별한다. 조리된 먹거리를 먹는 것은 오직 인간뿐이며, 이는 인류의 보편적인 규칙이라고 본다.

조금 다른 각도에서 음식의 규칙에 대해 연구한 구조주의자로는 메리 더글러스Mary Douglas가 있다. 더글러스는 음식을 사회적 관계를 보여 주는 부호code로 보았다. 예를 들면 음식에는 일종의 순서가 있는데, 이는 하루, 1주, 1년, 그리고 일생을 단위로 해서도 발견된다. 한국인들은 새해 첫날인 설날에는 떡국, 정월 대보름에는 오곡밥과 견과류, 그리고 추석에는 송편을 먹는다. 개인의 일생에도 통과의례를 따라 음식의 순서가 있다. 백일에는 수수떡, 돌에는 백설기와 국수, 전통 혼례식에는 백설기와 합환주, 환갑에는 다양한 과일, 술, 떡 등을 나눈다. 하루를 단위로 한다면, 서양의 경우 아침은 시리얼, 점심은 샌드위치, 저녁은 고기나 생선류를 먹는다. 이처럼 식사의 순서가 문화 안에, 그리고 개인의 가치관에 코드화되어 있다고 보는 것이 구조주의적 시각이다.

역사적-발전적 시각

역사적-발전적 시각은 사회변동에 따라 음식의 생산과 소비는 어떻게 변화해 왔는지에 관심을 가진다. 대표적인 인물로는 인류학자 마빈 해리스Marvin Harris를 꼽을 수 있다. 이 시각에 따르면, 사람들의 음식에 대한 선호 혹은 회피는 역사적으로 그리고 사회적으로 만들어지고 변한다. 해리스는 그의 저서 『음식문화의 수수께끼』에서 인도인들이 왜 쇠고기를 먹지 않는지, 왜 소의 도살은 금지되었는지에 대해 탐구한다. 애초에 인도에서 소의 도축은 중요한 종교적 행사였으며, 신성한 행위로 취급되었다. 특히 사육제carnival 기간에 성직자 계급인 브라만과 전사 계급인 크샤트리아는 지역사회의 사람들에게 쇠고기를 나누어 주었다. 하지만 급속한 인구 증가와 사육에 필요한 초목 지대의 감소로 소 사육이 점점 어려워졌다. 또한 식량 생산에 더 효율적인 농업과 낙농업이 발달하게 되었다. 이에 따라 쇠고기 생산은 감소되었고, 쇠고기 소비는 상류층의 특권으로 변화하게 된다. 반면 농민들과 상인들은 곡물과 유제품만을 먹을 수 있게 되었다. 그러던 중 살생에 반대하는 불교와 자이나교가 인도의 주요 종교로 부상하게 되었는데, 결과적으로는 전통적인 힌두교가 승리했다. 그런데 역설적이게도 상층 계급은 오히려 불교를 수용하게 되었으며, 이들은 불교 교리에 따라 육식을 금지했다.

이 같은 기나긴 과정의 결과로서, 그리고 서로 다른 종교와 사회적 요소들의 통합으로 영양학적으로 좀 더 효율적인 유제품이 전 계급에서 살아남았고, 쇠고기를 먹는 것과 소의 도살에 대한 금기taboo는 인도 문화의 가장 중요한 부분이 되었다는 것이 해리스의 해석이다. 이런 방식의 설명을 역사적-발전적 시각이라고 한다. 먹거리를 다양한 행위자, 조직, 제도, 문화의 상호작용 속에서 이해하고자 하는 것이다. 즉 음식은 사회변동과 떼려야 뗄 수 없다.

식량체제론적 시각

식량체제론적 시각은 정치경제학적인 기원을 가진 이론이다. 즉 자본주의라는 거대 구조 속에서 식량의 생산, 유통, 소비가 어떻게 조직되고 변화되어 왔는가에 관심을 가진다. 그런 의미에서 앞서 살펴본 역사적-발전적 시각과 중첩되는 부분이 있다. 하지만 식량체제론적 시각은 자본주의라는 특수한 사회질서 속에서의 변화에 관심을 가지며, 초점을 정치경제 부문에 두고 있다는 점에서 구별된다고 할 수 있다. 식량체제론적 시각은 북미 학자들인 해리엇 프리드먼H. Friedmann과 필립 맥마이클P. McMichael에 의해 1980년대에 만들어졌다. 이들은 식량을 둘러싼 국제질서의 변화와 선진국과 후진국의 불평등 문제에 주목하였다. 자본 축적과의 관계 속에 식량 생산 및 소비를 관리하는 일정한 조절방식을 개념화한 것이 식량체제이다.

식량체제론자들은 19세기 영국을 중심으로 한 자본주의 발달 시기와 20세기 중반 이후 미국을 중심으로 한 자본주의 발달 시기가 상이한 식량 생산, 유통, 소비의 구조를 가지고 있음에 주목한다. 영국이 세계 자본주의의 중심국이었던 제1차 식량체제First Food Regime의 시기는 대략 1870~1930년대까지이다. 이 시기에는 영국을 비롯한 제국주의 국가들이 비서구 지역으로 팽창하면서, 자본주의가 급속히 발달했다. 영국을 비롯한 서구 국가에서는 산업화에 따라 노동 계급이 빠르게 증가했고, 식민지 지역에서는 서구 산업화에 필요한 원자재와 식량 생산을 위한 구조적 변화들이 일어났다. 예컨대 아프리카와 카리브해 지역들은 열대산물 생산지가 되었고, 북미나 호주는 이민자들에 의한 곡물과 가축 생산지가 되었다. 이에 따라 주변부periphery에서 공급되는 값싼 곡물, 육류, 설탕, 커피 등은 중심부core 지역의 노동자들에게 식량을 제공하여, 자본주의 발전의 기반이 되었던 것이다.

제2차 식량체제Second Food Regime는 제2차 대전 이후 미국이 새로운 패권국가로서 전후 세계 정치경제 질서를 재편하는 과정에서 정착되었다. 1920~1930년대 이후 미국에서는 석유와 농기계를 활용한 포드주의적 농업을 통해 곡물의 대량생산이 이루어졌는데, 이는 미국 내 식량 과잉 문제를 낳았다. 제2차 대전이 끝난 뒤, 공산주의와의 대결 속에서 미국은 식량원조를 통해 식민지에서 벗어난 신흥국가들을 미국 중심의 자유주의적 자본주의 진영으로 포섭하게 된다. 이 과정에서 밀을 비롯한 미국의 농산물은 다수의 비서구 국가들의 식량 문제 해결에 도움을 준다. 하지만 이는 미봉책이라고 할 수 있었는데, 값싼 미국산 농산물에 대한 의존은 해당 국가의 농업 발전을 저해하고, 주곡 부문을 약화시켰다. 그 결과 국제시장에서 달러를 벌 수 있는 환금작물로의 전환이 일어나 식량 자급률을 낮추게 되었다.

다른 한편으로 미국에서 수입된 값싼 밀은 한국과 같은 일부 제3세계 국가들의 산업화에 중요한 기반이 되었다. 낮은 임금을 이용해서 저가의 경공업 상품을 생산하기 위해서는 저렴한 먹거리가 대단히 중요했는데, 이러한 역할을 미국산 곡물이 했던 것이다. 그런 의미에서 식량체제론자들은 미국의 식량 공급과 제3세계 일부 지역의 산업화 및 노동 계급의 형성이 밀접하게 관련되어 있었다고 주장한다. 한국은 이러한 식량체제의 이론적 주장을 뒷받침하는 중요한 사례이자 식량체제론적 시각을 구성하는 이론적 자원이다. 한국의 산업화와 'PL480'으로 알려진 식량원조 프로그램, 그리고 한국인들의 밀가루 소비 증가는 식량체제론적 시각에서 설명할 수 있는 것이다.

먹거리를 이해하기 위한 방법론

❯❮

앞에서 음식을 사회학적으로 이해하고 분석하는 것이 중요하다는 점을 강조했다. 이를 위해서 몇 가지 개념들을 소개했고, 이론적 시각에 대해서도 설명했다. 그렇다면 구체적으로 음식을 어떻게 분석할 것인가? 어떤 방법으로 이해할 것인가?

이와 관련하여 농식품사회학에서 많이 활용되고 있는 분석 전략을 소개하고자 한다. 상품체계분석commodity systems analysis은 어떤 상품의 생애주기, 즉 생산, 유통, 소비 과정 전체를 하나의 체계로 분석한다. 이러한 분석 전략을 먹거리에 처음 도입한 학자는 미국의 윌리엄 프리들랜드William Friedland이다. 그는 미국에서 양상추를 하나의 상품체계로 보고, 양상추의 생산 과정, 과학기술의 활용, 포장 및 유통 등에 대한 경험적 연구를 수행하였다. 이러한 작업을 바탕으로 프리들랜드는 먹거리 분석을 위해서는 생산자, 노동 충원 및 조직 방식, 생산기술, 과학기술, 유통체계 등에 대해서 연구해야 한다고 주장했다. 이후 제인 딕슨 Jane Dixon은 문화경제학적 시각의 필요성을 강조하며, 먹거리의 소비와 문화 부문 역시 적극적으로 상품체계분석에 포함시켜야 한다고 지적했다.

한국의 패밀리 레스토랑이나 햄버거 가게에서 흔히 볼 수 있는 호주산 쇠고기를 예로 들어 보겠다. 호주산 쇠고기는 어떤 과정을 거쳐 우리 식탁에 오르는 것일까? 이 질문에 답하기 위해서는 소가 사육되는 호주의 목장으로 시선을 옮겨야 한다. 흔히 호주산 쇠고기는 청정우 Green & Clean Beef로 한국에서 광고되고 있으며, 푸른 초원 위에서 행복하게 풀을 뜯는 이미지가 제공되기도 한다. 하지만 한국으로 수입되는 호주산 쇠고기는 대부분 비육장feedlot에서 사육된다. 출생 후 아주 짧은 기간 동안 방목된 후에 도축되기 전까지 비육장에서 사료를 통해 키워진다. 이렇게 하는 이유는 호주산 쇠고기의 주요 수입국인 한국과 일본의 소비자들이 마블링marbling된 쇠고기를 좋아하기 때문이다.

마블링이란 근내 지방도라고도 하는데, 붉은 쇠고기 육질 사이에 하얀 눈꽃이 핀 것처럼 퍼진 지방질을 의미한다. 한국의 쇠고기 등급제에서는 마블링을 중요한 요소로 판정하고 있다. 그런데 이러한 마블링은 소에게 풀이 아니라 옥수수와 콩과 같은 단백질을 먹여야 만들어진다. 이에 따라 소를 가둔 뒤, 엄청난 양의 옥수수와 콩을 먹여 살을 찌우게 된 것이다.

방목 중심이었던 호주의 소 수출산업은 동아시아의 소비자들을 위해 그 구조를 바꿨다. 어쨌든 동아시아로 수출되기 위한 소는 일정 시간 동안의 비육을 끝낸 뒤, 도축되고 가공된다. 쇠고기를 부위별로 나누는 작업은 많은 노동력을 필요로 하며, 노동 강도도 세다. 이 과정에 적지 않은 외국인 노동자, 특히 워킹홀리데이로 호주에 온 외국인 청년들이 투입된다. 호주산 쇠고기에 국제노동이 개입되는 것이다.

쇠고기 산업 전체에서 비육 부문과 도축 및 가공 부문이 부가가치 산출에 있어 특히 중요하다. 그런데 이런 부문에서는 초국적 육가공 자본이 큰 역할을 하고 있다. 즉 브라질의 JBS, 미국의 Cargill, 그리고 일본의 Nippon Ham 등이 호주 쇠고기의 비육 및 가공 부문을 지배하고 있다. 이렇게 생산된 호주산 쇠고기는 무역회사를 통해 한국과 일본 시장으로 수출된 후, 레스토랑과 대형 마트에 공급된다. 호주산 쇠고기는 정교한 하나의 체계를 통해 생산되어 세계로 뻗어 나가는 '글로벌 쇠고기'라고 할 수 있다.

○ 추천하는 책

앨런 비어즈워스·테레사 케일(박형신·정헌주 역), 2010, 『메뉴의 사회학』, 한울.
데버러 럽턴(박형신 역), 2015, 『음식과 먹기의 사회학』, 한울.

3장

먹거리와 사회변동

'오늘은 무엇을 먹을까?'라는 고민을 해결하기 위해 우리는 직장 주변의 식당을 배회하거나 슈퍼마켓에서 장을 본다. 아니면 냉장고 문을 열고 어떤 식재료가 있는지 혹은 먹을 것이 있는지를 살핀다. 이러한 행위들은 식당이나 슈퍼마켓이나 냉장고에 먹거리가 있다는 믿음에 기반한다. 쌀, 상추, 닭고기, 사과, 우유 등이 그곳에 있다.

지금은 당연하게 여겨지며 먹거리를 '제공'하는 식당, 슈퍼마켓, 그리고 냉장고는 100년 전만 해도 낯선 것이었다. 대한민국 5000만 국민의 먹거리는 어떻게 식탁에 오르게 되는 것일까? 수많은 사람이 하루 세끼와 간식, 그리고 때로는 야식까지 먹을 수 있는 것은 때론 기적처럼 보인다. 이 엄청난 양의 먹거리가 어떻게 우리 식탁까지 올라

올 수 있단 말인가? 이 장에서는 다수의 현대인이 직접 먹거리를 생산하지 않으면서도 음식을 먹고 살 수 있는 정교한 체계에 대해 알아볼 것이다.

사회 전반의 근대화 혹은 현대사회의 등장은 사회 전 영역에서 거대한 전환을 불러일으켰다. 사회 조직, 제도, 문화, 가치관 등에 있어 과거와는 다른 큰 변화가 진행된 것이다. 음식과 먹기 영역 역시 예외가 아니다. 예전과는 전혀 다른 '근대화된' 방식으로 먹거리 생산, 유통, 소비의 체계가 만들어졌다. 이러한 현대 식품체계가 어떻게 작동하는지에 대해 알아보자.

음식은 나름대로 긴 여정을 지난다. 음식은 인간의 입과 소화기관을 거쳐, 쓰레기가 된다. 그리고 모든 음식의 출발점은 자연이라고 할 수 있다. 인간은 다양한 방식으로 자연과 상호작용을 하면서 음식에 필요한 재료들을 생산할 수 있었다. 한곳에 머물면서 농사를 짓기 시작한 것이 대표적이다. 과거 혹은 전통적인 농업의 생산방식은 소규모이고, 가구나 지역 단위였으며, 인간의 노동에 주로 의존했고, 계절과 기후의 영향을 크게 받았다. 이러한 전통적 식품체계로는 산업혁명 이후 급증한 인구와 도시에 집중된 사람들의 식량 수요를 감당하기 어렵다. 이에 따라 먹거리 생산의 변화가 가속화되었다.

현대적 식량 생산체계의 발달

🍴

유럽에서 시작된 근대화라는 거대한 사회변동은 식량을 생산하는 문제에 대해서도 큰 변화를 야기했다. 농업 생산성을 높이기 위한 다양한 노력들이 이루어진 것이다. 가장 대표적인 생산성 향상의 방법은 잘 팔리는 한두 가지 작물을 집중적으로 재배하는 것이다. 이렇게 하면 여러 면에서 효율적이지만, 문제는 집중적인 농업을 할 경우 농지의 영양분이 쉬이 소실된다는 점이다. 그 결과로, 해를 거듭할수록 수확량이 떨어진다. 이에 따라 토양을 어떻게 유지할 것인가가 큰 과제가 되었다.

전통적인 방식의 퇴비는 대규모의 집중 영농을 위해서는 효율적이지 않았다. 이에 따라 여러 가지 방식으로 문제를 해결하려는 노력이 있었다. 예컨대 유럽은 한때 농지에 투입할 비료에 대한 고민을 구아노guano로 해결했다. 새똥 등이 퇴적된 유기물인 구아노는 질소, 인산, 칼리 등을 포함하고 있다. 1830년대 유럽의 인구가 급증하고 식량 수요가 늘어나자, 유럽 열강들은 페루 등 중남미에서 구아노를 수입하여 농사를 지었다. 제국주의적 팽창이 이것을 가능하게 했던 것이다. 하지만 구아노의 절대량엔 한계가 있었고, 구아노를 활용한 농업 생산은 근본적인 해결책이 아니라는 게 점차 명백해졌다. 결국 '구아노 제국주의'를 통한 대량생산농업은 위기에 봉착했다.

이때 유럽의 농업을 구한 것이 농화학이다. 농화학이란 토양·비료·농약 등 농업 분야의 화학적인 현상에 대하여 탐구하는 학문으로, 현대적인 농업의 형성과 생산성 향상에 큰 역할을 했는데, 그 창시자는 독일의 리비히J. Liebig이다. 리비히는 『농업과 생리학에서의 유기화학 응용Organic Chemistry in Its Application to Agriculture and Physiology』(1840)이라는 책을 통해 식물의 성장에 관한 화학적 원리를 밝혔다. 즉 공기로부터 얻는 이산화탄소와 뿌리로부터 얻는 질소 화합물 및 미네랄이 식물의 생육에 큰 영향을 준다는 것이다. 이를 바탕으로 질소비료가 개발되었으며, 이는 현대적인 화학농업의 출발점이 되었다.

유럽에서 발전한 화학농업은 20세기 초 미국에서 본격적으로 발전한 산업형 농업의 기반이 되었다. 산업형 농업은 20세기의 중요한 이데올로기 중 하나인 생산주의productivism를 기반으로 한다. 즉 계속해서 더 많이 생산하는 것을 농업의 목표로 삼으며, 이를 위해 끝없이 자원과 에너지를 투입하는 것이다. 산업형 농업은 몇 가지 조건을 필요로 했다. 그 조건으로는 농지 면적의 대규모화 즉 '규모의 경제' 도입, 표준화된 투입재(종자, 비료, 노동력 등), 석유 자원의 광범위한 활용(화학비료, 농기계, 농약 등), 단일 작물 경작, 농업 과정의 분절화와 이 과정에 대한 자본의 침투 등이 있다.

산업형 농업에서는 농기업들이 먹거리 생산에 큰 영향을 끼치기 시작했다. 예전에는 농민들이 씨앗을 뿌리고, 물을 주고, 잡초를 뽑고, 퇴비를 주고, 수확을 했다면 이제는 각 단계에 외부 기업들이 개입하게 된 것이다. 종자회사, 농약회사, 농기계회사, 비료회사 등이 농업의 분절화된 여러 영역들을 지배하게 되었다. 그 결과 농업 생산량은 비약적으로 증가했다. 하지만 동시에 농사에 들어가는 외부 투입재도 그만큼 늘어났다. 농작물의 수확량이 증가해서 매출이 늘어났지만, 동시에 그 돈으로 종자도 구입하고 농기계도 사야 하는 상황이 되었다. 경쟁에서 뒤처지지 않기 위해서는 더 많은 자금을 투입해서 생산량을 늘려야 하는 생산의 수레바퀴에 올라타게 된 것이다.

현대사회에서 농민들은 점점 더 시장 의존적인 존재가 되어 가고 있다. 많이 생산하고 많이 팔지 않으면 도태되는 상황이 되었다. 특히 20세기 후반 이후 농민들은 대형 슈퍼마켓이나 마트가 선호하는 농산물의 규격에 맞추어 작물을 재배하는 과정에서 단순 노동자로 전락하게 된다. 마트에서 원하는 규격과 모양의 농산물을 납품하기 위한 종자 선정, 재배방식 결정, 수확물 선별 등을 할 수밖에 없다. 마트의 기준에 어긋나는 농산물은 폐기되기도 한다.

가격 결정권 역시 구매자가 가지고 있다고 할 수 있는데, 이를 '구매자 독점monopsony'이라고 부른다. 농식품 분야에 대한 대자본, 특히 대형 슈퍼마켓의 영향력이 커지면서 구매자 독점 현상이 더욱 심화되고 있다. 이러한 구매자 독점 상황에서 농민들은 대형 마트나 대규모 시장에서 요구하는 균질적이며 표준화된 농산물을 생산하게 된다. 또한 농업의 산업화는 농민들로 하여금 품목의 종류를 줄여 단작을 하도록 한다. 농지를 넓히고 농기계를 사용하여 생산성을 높여야 하며, 그렇지 못한 농가들은 경쟁에서 밀려나 파산할 수밖에 없다. 자연과 상호작용하며, 독립적인 영농을 하고, 건강한 먹거리를 생산하는 농민은 구조적으로 불가능해지는 것이다. 그리고 전체 식품체계는 몇몇의 초국적 농식품기업과 대형 슈퍼마켓이 지배하게 된다.

오늘날 농민들은 시장의 요구에 부합하는 농산물을 재배하기 위해서 주로 외국의 종자회사에서 생산한 씨앗을 해마다 구입한다. 대개 이 씨앗은 교배종이거나 유전자 조작이 이루어진 것으로, 가을이 되어도 다음 해에 파종할 씨앗을 거둘 수 없다. 매년 기업에서 종자를 새로 살 수밖에 없는 것이다. 씨앗을 뿌린 후의 영농 과정에서도 농기업들의 투입재를 대량으로 사용할 수밖에 없다. 대개 특정 회사의 종자는 그 회사에서 생산되는 농약이나 비료에 잘 반응하도록 되어 있기 때문이다. 따라서 농민들은 싫든 좋든 특정 기업의 종자와 투입재를 함께 구입하게 된다. 대표적인 것이 몬산토Monsanto의 라운드업레디Roundup-Ready라는 종자와 제초제 라운드업Roundup이다. 화학기업이자 종자회사인 몬산토는 라운드업이라는 제초제에 저항성이 강한 콩인 라운드업 레디 종자를 판매하여, 농민들로 하여금 종자와 제초제를 함께 구입할 수밖에 없도록 하고 있다. 농기업들은 '꿩 먹고 알 먹고'이지만, 많은 농민들은 심각한 재정적 부담과 농약 사용에 따른 건강상의 고통을 받고 있다.

현대 식품체계의 주요 현상들

🍴

녹색혁명

20세기 초중반 미국에서 완성된 산업형 농업 모델은 제2차 대전 이후 전 세계로 확산되었다. 이러한 산업형 농업 모델의 확산 혹은 이식을 '녹색혁명green revolution'이라고 한다. 2차 대전 이후 미국은 세계의 패권국가로서 자본주의 질서를 안정화시키기 위해 노력했다. 식민지에서 벗어난 신흥 독립국가들의 식량 문제를 해결하기 위해 미국과 국제기구들은 녹색혁명 프로그램을 통해 '현대적'인 농업을 전파한다.

한국의 경우에도 국제미작연구소International Rice Research Institute의 지원과 농업기술연구소의 역할을 통해 1970년대에 본격적인 녹색혁명이 진행되었다. 녹색혁명의 핵심은 다수확 품종의 개발과 확산이라고 할 수 있다. 즉 단위 면적당 수확량이 많은 품종을 개발하고, 이를 농민들에게 확산시켜 널리 재배되도록 하는 것이다. 우리나라에서 제일 중요한 식량 작물은 당연히 쌀이었고, 따라서 다수확 품종 벼를 개발하기 위한 노력이 이루어졌다. 그 결과 통일벼, 유신벼 등이 개발되었다. 즉, 1960년대 후반 농촌진흥청 주도로 필리핀 국제미작연구소에 파견된 전문가들이 한국인이 먹는 자포니카Japonica와 다수확 품종인 인디카Indica를 교배하여 다수확 벼인 'IR667'을 만들어 내는 데 성공했고, 이를 통일벼라고 명명했다.

통일벼는 '기적의 쌀'로 주목받으며, 1972년부터 전국적으로 보급되었다. 이후 전문가들은 밥맛을 개선한 유신벼를 만들어 내기도 했다. 이러한 신품종들은 쌀 수확량을 높여 1977년 쌀의 자급에 기여했다. 이들 품종에는 충분한 양의 비료와 물이 공급되어야 했다. 또한 병충해에 취약한 품종이었기 때문에 농약의 사용이 일반화되었다. 그런 의미에서 1970년대 녹색혁명을 통해 한국에서도 산업적 농업으로의 전환이 시작되었다고 평가할 수 있다.

미국에서 20세기에 꽃을 피운 산업형 농업은 녹색혁명이라는 이름으로 제3세계로 확산되었고, 이제는 대부분의 산업국가들에서 일반적인 농업 형태가 되었다. 식량 증산이라는 목표로 생산주의 이데올로기에 기반한 산업형 농업과 녹색혁명은 세계의 시민들을 화학농업과 거대 농식품기업에 의해 지배되는 식품체계 안으로 끌어들이는 결과를 낳았다. 또한 작물의 다양성 감소, 화학물질 남용, 농지 규모의 증가 및 기업농의 출현 등의 부작용으로 이어졌다.

포드주의

포드주의Fordism는 미국의 20세기 경제발전을 설명하기 위하여 만들어진 개념이다. 과학기술을 활용한 노동 과정의 변화, 생산성 향상, 그리고 이를 기반으로 한 경제 조직 및 운영방식을 요약한 개념이라고 할 수 있다. 포드주의는 노동 과정을 일관된 작업 과정으로 개편하여 노동 생산성을 증대시키는 집약적인 축적체제이다. 찰리 채플린의 무성영화 〈모던 타임스〉에서 공장 노동자는 일정 시간 내에 할당된 생산량을 확보하기 위해 기계의 속도에 맞춰 단순 노동을 반복한다. 이러한 노동 강도의 강화는 생산성 향상을 낳는다. 그리고 생산성 향상에 따른 상대적 고임금은 노동자들에게 비교적 큰 구매력을 제공한다. 예컨대 포드 자동차회사의 노동자가 자신의 임금으로 비교적 저렴한 포드 자동차를 구입할 수 있게 되는 것이다. 대량생산-대량소비의 선순환구조를 만들어 낸 것이 포드주의의 비밀이다.

식품에 있어서도 유사한 현상이 진행되었다. 도시에 거주하는 대규모 소비자들에게 값싼 식품을 공급하기 위해 대량으로 식품이 생산될 필요가 있게 된다. 이를 위해서 식품 생산에는 크게 두 가지 변화가 나타나는데, 그것이 앞에서 설명한 농업의 산업화와 식품산업의 발달이다. 그리고 이 과정에서 최종적으로 소비자들 앞에 값싼 식품을 공급하는 조직이 대형 슈퍼마켓이라고 할 수 있다.

대규모로 생산된 식품은 긍정적인 효과만 있을까? 포드주의적 대량생산-대량소비 식품체계가 가지는 문제점들을 몇 가지만 살펴보도록 하자. 첫째, 농민들은 가격을 낮추고 생산량을 증가시키기 위해 생산주의의 덫에 빠진다. 더 많은 생산을 위해서 토지, 농약, 화학비료 등을 경쟁적으로 더 많이 투입하게 된다. 이는 다수의 농가를 파산시키며, 대농 중심의 농업구조를 만든다. 이에 따라 다수의 소농들에 의해 유지되어 오던 농촌 공동체가 해체되고, 농업 생태계가 와해된다. 둘째, 소비자들은 원산지나 생산 과정에 대한 정보는 잘 모르는 상태에서 단지 가격만으로 먹거리를 선택하게 된다. 특히 저소득층은 값싼 가공식품을 더 많이 소비함으로써 비만을 비롯한 건강상의 문제에 취약해진다. 셋째, 먹거리 생산과 중간 소비 과정(예를 들어 유통, 가공, 중개, 사료, 비료, 농기계, 광고)이 엄청나게 팽창하고, 이 과정을 지배하는 행위자, 즉 농식품 관련 기업들이 크게 성장한다. 이들은 자신의 이윤을 극대화하기 위해 음식 생산, 유통, 소비의 전 과정을 재편해 나간다. 심지어는 미디어나 전문가들을 활용하여 자신들의 이윤 추구에 도움이 되는 방향으로 음식 관련 문화나 건강 정보를 만들어 내기도 한다.

맥도날드화

현대 식품체계를 사회학적으로 설명하고, 이를 통해 현대사회의 특징을 이해하고자 하는 책이 조지 리처의 『맥도날드 그리고 맥도날드화』이다. 이 책은 패스트푸드점의 원리가 현대사회의 여러 부문을 지배해 가는 과정을 그리고 있다. 소위 합리화의 원리에 의해 모든 사회적 영역을 극도로 효율적으로 만드는 과정을 분석하고 있다. 맥도날드를 비롯한 패스트푸드 음식점들은 음식을 최대한 효율적으로 배 속에 집어넣도록 하기 위하여 여러 방법을 개발했다. 주문, 조리, 먹기까지의 과정이 매우 체계적으로 관리되며, 노동의 부정확성이나 불규칙성은 최소화된다. 세계 어디에 가든 소비자들은 표준화된 빅맥 햄버거를 먹을 수 있다.

이러한 극도의 합리성 추구는 맥도날드에서만 발견되지 않는다. 유사한 원리가 사회 곳곳에 침투하며 합리성을 높인다. 하지만 이러한 극도의 합리성 추구는 비합리성을 낳는다. 패스트푸드의 칼로리와 성분(지방, 소금, 고과당 옥수수 시럽) 등은 비만을 낳고, 건강을 위협한다. 맥도날드에서 효율성을 높이기 위해 사용하는 1회용 식기와 플라스틱은 환경에 악영향을 준다. 단순화된 노동 과정과 저임금은 창조적 노동자로서의 인간의 가치를 훼손한다.

농-식 간 거리 증가

현대 식품체계의 본질을 꿰뚫는 개념으로 농-식 간 거리 증가distancing를 꼽을 수 있다. 이는 현대사회에서 처음 종자가 뿌려지는 곳과 최종적으로 음식이 사람 입으로 들어가는 곳까지의 거리가 증가하는 현상을 일컫는 말이다. '농장에서 식탁까지'라고도 표현되는데, 먹거리가 생산되어서 소비되기까지 과거에 비해 매우 먼 거리를 이동하게 된 현실을 묘사한 것이다.

예컨대 한국인들은 칠레에서 생산된 포도를 먹고, 미국 캘리포니아에서 수확된 오렌지를 먹는다. 저녁 식탁에 올라온 연어는 노르웨이산이며, 밤참으로 먹은 라면의 밀은 미국산이다. 먹거리의 이동 거리(푸드마일food miles)가 매우 긴 것이 현대 식품체계의 특징이며, 그런 의미에서 '전 지구적 식품체계global food system'라고 할 만하다. 농-식 간의 거리 증가가 가지는 여러 문제들에 대한 대응으로 로컬푸드local food운동이 등장하기도 했는데, 이는 생산지와 소비지 간 거리인 물리적 거리와, 생산자와 소비자의 사회적 거리 모두를 줄이려는 노력이라고 할 수 있다.

전유주의와 대체주의

전유주의appropriationism란 농업 생산이 여러 단계로 나뉘고, 그 단계에 전문화된 기업의 상품이 개입하는 것을 의미한다. 전통적인 농업은 농민이 직접 씨를 뿌리고, 잡초를 뽑고, 퇴비를 주며 돌본 뒤 수확하고 채종하는 과정으로 이루어졌다. 하지만 현대적인 농업에서는 이 과정 하나하나를 분절시켜 적절한 농기업들의 활동이 개입한다. 즉, 농민은 종자회사에서 씨앗을 사서 파종을 하고, 농약회사에서 제초제를 사서 잡초 문제를 해결하며, 퇴비 대신 화학비료를 뿌린다. 또한 농사짓는 일의 여러 단계에서 농기계회사로부터 구입한 트랙터나 경운기를 활용한다. 이러한 과정을 농기업에 의한 농업 과정의 전유專有라고 부르는 것이다.

대체주의substitutionism는 농사 과정 자체의 불확실성에 대한 대응으로 농기업들이 기존 농업 생산물을 대체하는 것을 의미한다. 예컨대 농가에서 우유로 만드는 버터 대신 식물성 기름을 공장에서 가공하여 만드는 마가린이나, 사탕수수로 만드는 전통적인 설탕 대신 인공 감미료나 산업적 곡물이 된 옥수수를 가공하여 고과당 시럽(액상과당)을 만들어 시장에 판매하는 과정을 대체주의라고 할 수 있다.

전유주의와 대체주의는 동시에 진행되면서 전체 식품체계에서 농업과 농민의 역할을 감소시키고, 농업의 산업화와 식품의 공장적 생산을 가속화해 왔다.

농업의 악순환

농산물의 대량생산–대량소비 체계하에서 생산자인 농민들의 생산 방식 역시 변화하게 되었다. 특히 농기업들에 의해 새로운 기술이 개발되고, 이를 도입하지 않으면 다른 '경쟁력' 있는 농민들에게 뒤처진다는 심리적·실질적 압력을 받게 된다. 새로운 영농기술이나 새로운 종자를 도입하기 위해 농민들의 경제적 부담은 가중되고 빚을 지기까지 한다. 경쟁에 뒤처지고 넘어지지 않기 위해서는 끊임없이 신기술을 도입하고 자본을 투자해야 하는 것이다. 멈추는 순간, 나락으로 떨어지게 되기 때문이다.

농업의 악순환agricultural treadmill에는 농약이나 화학비료를 계속 투입해야 하는 농약의 악순환, 비료의 악순환도 있다. 이러한 화학적 투입재의 끝없는 사용은 농가경제를 어렵게 할 뿐 아니라 그 안에 포함된 화학 성분이 사람의 건강을 해치며, 환경 문제를 악화시킨다.

구매자 독점

구매자 독점이란 생산자에 비해 구매자가 소수인 상황을 말한다. 이러한 상황에서는 구매자가 우월적 지위를 가지게 되므로 가격이나 구입 조건 등에 있어 권력을 행사하기 쉽다. 일반적인 공산품에 비해 농산물은 생산량 조절이 어렵고, 부패하기 쉽기 때문에 중간 도매상이나 대형 마트가 구매 독점의 위치에 서게 된다. 이에 따라 농민들은 자신의 노동과 생산비용에 대한 정당한 대가를 받지 못하는 경우가 빈번하다. 이러한 경향은 대형 마트의 식료품 부문에 대한 영향력이 강화되면서 더욱 심화되고 있다.

현대 식품체계의 형성

🍴

현대적인 식품체계는 앞에서 서술한 농업의 산업화, 단작, 축산업의 분화 등을 기반으로 이루어졌다. 이러한 과정을 통해 농민들은 곡물, 채소, 육류, 유제품 등을 특화해서 생산하게 된 것이다. 더 나아가 이러한 식품들은 이제 바로 소비되기보다는 가공 과정을 거쳐 부가가치를 높이기 위한 식재료food input로 활용되는 경향이 강해졌다. 처음에는 통조림이나 훈제 등 단순 가공이 지배적이었다면 점점 더 복잡하고 화학적인 식품 가공방식이 등장하였다.

화학적 식품첨가물이 개발되면서 완전히 새로운 식품이 등장하기도 했다. 산업화된 식품 및 다양한 가공식품이 발전하게 된 것이다. 밀가루, 설탕, 곡물, 착색료, 착향료 등을 결합한 과자 및 간식류의 성장은 전체 식품체계를 크게 변화시켰다. 성분을 알 수 없는 식품이 개인의 전체 칼로리 섭취량의 상당 부분을 차지하게 되었다. 이는 곡물, 채소, 육류 등을 직접적으로 조리해서 먹는 비율이 줄어들었음을 의미한다. 음식을 먹는 공간에 있어서도 변화가 나타났다. 집 밖에서 음식을 먹는 빈도와 비율이 증가했다. 즉 20세기 중반 이후 전 세계적으로 외식이 급증했다. 이는 물론 집 밖에서 일을 하는 임금 노동자의 증가와 함께 진행되었다. 특히 여성의 노동시장 참여 및 가사노동시간의 감소와 함께 일어난 현상이다.

새로운 식품체계는 앞에서 설명한 포드주의라는 사회변동 및 기술 변화와 직접적으로 관련된다. 냉장 및 냉동 기술, 철도의 발전, 슈퍼마켓으로 대표되는 대규모 유통회사의 확산 등이 있었기에 가능했다. 이제는 우리에게도 익숙한 포드주의적 식품체계는 비교적 넉넉한 가처분 소득을 지닌 중산층의 팽창과 깊이 관련된다. 생산성 증가에 비례하여 임금 상승이 이뤄지면서 소비자들은 TV, 냉장고, 세탁기 등의 내구재들을 구입할 수 있었다. 또한 도시 외곽에 주택을 구입하게 되는데, 이러한 주거 형태의 변화는 자가용 구입과 동시에 진행되었다. 더불어 자동차를 주차할 수 있는 대규모의 새로운 시장으로서 대형 마트가 등장했다.

소비자들은 주말이 되면 자동차를 몰고 대형 마트에 가서 먹을 것을 잔뜩 구입하여 냉장고에 채워 놓는 방식으로 자신과 가족들이 먹을 식품을 조달하게 되었다. 이에 따라 오랫동안 보관할 수 있는 통조림, 냉장·냉동식품, 그리고 가공식품의 종류가 다양해지고 그 시장도 급성장했다. 또한 여성들이 노동시장에 참여하면서, 요리는 단순화되었고 간편 조리식품이 발달했다. 당연히 이에 조응하는 반조리식품 시장 또한 커졌다.

음식의 상품화, 특히 대량소비체계의 공고화는 우리가 무엇을 어떻게 먹는가를 변화시켰다. 이 변화에 있어 가장 중요한 행위자로 등장한 주체가 세계적인 식품 관련 기업이라고 할 수 있다. 우리는 식품 관련 거대 초국적기업들이 지배하는 새로운 식품체계 아래서 살고 있다. 관련 분야의 전문가들은 이를 '기업식량체제Corporate Food Regime'라고 부른다.

기업식량체제

기업식량체제란 매우 거시적이고 역사적인 개념인데, 특히 1990년대 이후 먹거리 조달의 전 과정이 소수의 초국적 식품기업들에 의해 이루어지고 있다는 주장을 담고 있다. 예컨대 식량 생산과 관련해서 농민의 역할이 크게 감소하고, 몬산토의 종자와 제초제, 카길Cargill의 사료, 존디어John Deere와 같은 농기계회사 등의 역할이 지배적이 되었다. 식품 유통과 관련해서는 월마트, 코스트코, 크로거Kroger 등 대형 마트의 비중이 커졌다. 사람들은 이제 재래시장이나 동네 구멍가게가 아니라 표준화된 식품을 대량으로 비치한 마트에서 식재료나 간편 조리 식품 등을 구입하고 있는 것이다. 그리고 실제 음식 소비와 관련해서는 앤호이저부시Anheuser-Busch, 네슬레Nestlé, 펩시코PepsiCo. 등의 식음료기업이나 맥도날드, 써브웨이Subway, KFC 등의 패스트푸드점에 대한 의존성이 커지고 있다.

〈표 3-1〉 세계 250대 기업 중 식품 · 음료 · 요식업 관련 기업

순위	기업명	매출 (10억 달러)	순이익 (10억 달러)
24	월마트, 미국	500.3*	9.9
41	앤호이저부시, 벨기에	56.4	7.9
48	네슬레, 스위스	91.2	7.3
102	펩시코, 미국	64.0	4.9
103	유니레버, 네덜란드	60.6	6.8
126	크래프트하인즈, 미국	26.2	11.1
209	코카콜라, 미국	33.7	1.4
211	몬델레즈 인터내셔널, 미국	26.2	3.2
239	다논, 프랑스	27.8	2.8
241	맥도날드, 미국	22.3	5.4

＊총 매출의 약 40%가 먹거리임

출처: 《포브스》(2018년 자료)

〈표 3-2〉 세계 10대 패스트푸드 음식점

순위	이름	점포 수
1	맥도날드	18,710
2	KFC	11,798
3	써브웨이	10,109
4	피자헛	5,890
5	스타벅스	5,727
6	버거킹	4,998
7	도미노 피자	4,422
8	던킨 도넛	3,005
9	데어리 퀸	802
10	파파존스	755

출처: 《포브스》(2012년 자료)

기업식량체제와 우리 먹거리

🍴

이제 현대인들의 음식은 거의 전적으로 시장 기제에 의존하고 있다. 대부분의 지구인이 돈을 주고 먹거리를 구입하며, 스스로 먹을 것을 생산하고 조리하는 비율은 빠르게 감소하고 있다. 특히 1980년대 이후 신자유주의 이데올로기가 세계를 지배하면서, 이러한 경향은 더욱 강화되었다. 이 과정에서 중요한 행위자이자 수혜자는 국경에 구애받지 않고 사업을 하는 먹거리 관련 기업들이다.

기업식량체제는 1980년대 이전 안정적으로 유지되던 개별 국가 단위의 농업 및 식량 정책에 대한 신자유주의적 비판 속에서 태동되었다. 국가가 시장에 개입해서 농산물의 교역을 방해하고, 자유로운 무역을 막는 것은 비효율적이라는 것이다. 가트^{General Agreement on Tariffs and Trade: GATT} 우루과이 라운드와 세계무역기구^{WTO} 농업협정을 통해 농산물에 대한 수입 개방이 국제적 규범으로 자리 잡았다. 이는 개별 국민국가가 자국 농민과 소비자들을 정책적으로 보호하는 일이 시장질서를 어지럽히는 공정하지 않은 행위라는 주장을 담고 있었다. 반면 기업의 사적 이익 추구 과정에서 다양한 사회적 약자들의 먹을 권리^{right to eat}가 침해당하는 것은 어쩔 수 없거나 당연한 것으로 여겨지게 되었다. 어떤 사람이 굶주리는 것은 그 자신이 충분히 노력하지 않은 결과이므로 그 책임 또한 스스로 져야 한다는 것이다. 부자들은 값비싼 건강식품이나 유기농 음식을 먹고, 가난한 사람들은 값싼 가공식품이나 잔류 농약이 있는 채소를 먹는 것이 당연시되는 자유주의적 문화가 제도화된 것이다.

WTO 농업협정은 농산물 관련 자유무역협정을 지지하던 국가들의 주도하에 맺어졌다. 국제적으로 이 문제를 둘러싼 국가들의 입장은 상이했는데, 대표적인 농산물 수출국들인 미국, 캐나다, 호주 등은 관세의 완전 폐지를 주장했던 데 비해 유럽연합에 속한 나라들은 식량 수급의 균형과 자국 농산물 시장은 일정 부분 보장되어야 한다는 입장이었다. 반면 일본과 한국 등은 극도로 낮은 식량 자급률과 취약한 농업 구조 때문에 시장 개방 지연에 주력했지만, 결국 자유무역주의에 굴복하고 말았다.

이에 따라 한국의 경우에도 1980년대부터 농산물 수입이 가속화되어 지금은 거의 모든 먹거리가 수입되고 있다. 자유무역은 비교우위 이론에 근거하고 있으며, 거래되는 모든 것을 가격으로 환산할 수 있는, 완전한 상품으로 가정하고 있다. 이는 비현실적이고 반사회적인 허구적 세계를 전제로 한다고 할 수 있다. 인간의 노동이나 자연은 시장가격으로 환원할 수 없으며 환원해서도 안 되는 도덕적·사회적 가치를 지니기 때문이다.

예컨대 쌀이라는 먹거리에는 농민의 땀과 정성, 벼라는 식물의 종자로서의 가치, 토지와 물이라는 생태적 요소와의 관계가 뿌리내리고 있다. 구체적으로 살펴보면, '경기미'에는 경기도만의 특정한 지역성과 역사성이 녹아들어 있다. 더불어 경기미라는 명성을 만든 오랜 전통과

맛에 대한 자부심 역시 간과할 수 없다. 하지만 쌀 수입 개방에 의해 들여온 미국의 쌀은 대규모 농지에서 현대적 방식으로 생산되어, 낮은 가격이라는 경쟁력으로 수입된 상품에 불과하다. 하지만 쌀 혹은 먹거리는 단순히 쓰고 버리는 상품이 아니다. 먹거리는 우리의 몸 안으로 들어가 건강을 유지하게 하는 생명의 토대이다. 또한 사람의 몸과 마음의 정체성을 만드는 중요한 요소이다. 예컨대 밥과 김치는 한국인의 정체성을 구성하는 주요 요인인 것이다. 그런 의미에서 우리가 무엇을 먹는가는 대단히 중요한 사회정치적 결정이라고 할 수 있다.

자유무역과 식량위기

기업식량체제 아래서 자유무역주의는 이제 먹거리의 상품화를 가속화하고 있다. 자유무역주의에서는 자유로운 농산물의 교역이 더욱 원활한 식량의 공급을 가능하게 하여, 굶주림을 해결할 수 있다고 주장한다. 하지만 현실은 어떨까?

농산물에 대한 자유무역주의가 일반화되면서 오히려 식량위기가 빈번하게 발생하고 있다. 시장에서 농산물은 상품이자 투기의 대상이 되었으며, 농산물 펀드 등을 통해 불안정한 국제금융체계 안에 포섭되었다. 실제로 전 세계적인 곡물 재고량은 충분한데, 가격이 폭등하는 현상이 나타나기도 한다. 많은 제3세계 국가들이 국제시장에서 달러를 벌어들이기 위해 자신들이 먹는 주곡을 생산하는 것이 아니라 환금작물을 생산하게 되었다. 식량이 되는 쌀이나 옥수수가 아니라 국제시장에서 판매하기 위한 커피, 카카오, 수출용 채소 등을 재배하고 있는 것이다. 그리고 자신들의 먹거리는 미국이나 호주 등에서 수입한다.

그런데 문제는 식량용 곡물인 쌀, 밀, 옥수수, 콩 등의 국제가격 등락폭이 매우 커졌다는 점이다. 그 대표적인 경우가 2007~2008년의 식량위기였다. 2007년부터 옥수수, 밀, 콩을 비롯한 주요 곡물가격이 폭등했다. 세계은행에 따르면 2006~2008년 사이, 세계의 식량가격은 83%상승했다. 2008년 3월을 기준으로 할 때, 전년 대비 밀 가격은 130%, 콩은 87%, 쌀은 74%, 옥수수는 31% 상승했다. 식량가격의 폭등은 제3세계 국가의 서민들을 기아로 몰아넣어 12개국에서 식량폭동이 일어났다. 이집트에서는 "빵을 달라"라며 수십만 명이 시위를 벌였고, 아이티에서는 '진흙 쿠키'를 구워 먹는 일이 벌어졌다. 여러 나라에서 식량폭동 혹은 시위가 발생하여, 정치적 불안정으로 이어지기도 했다.

세계적인 식량위기에도 불구하고 '곡물 메이저Grain Major'들은 오히려이윤을 극대화할 수 있었다. 식량위기로 인한 곡물가격의 상승은 초국적 농식품복합체의 이익으로 직접 연결되고 있다. 2007~2008년의 식량위기 기간에도 농식품기업들은 막대한 이익을 실현했다. 이 기간 동안 국제 농산물가격은 24% 인상되었는데 3대 비료기업(Potash, Mosaic, Yara)의 이윤은 139%, 3대 곡물기업(Cargill, ADM, Bunge)의 이윤은 103%로각각 증가했다(McMichael, 2009: 290).

〈그림 3-1〉 2008년 식량위기를 전후한 초국적 농식품기업의 이익 변화 (단위: 천 달러)

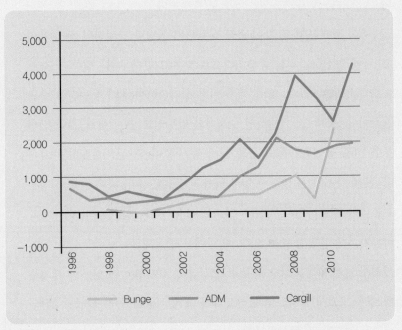

출처: https://oxfamblogs.org/fp2p/cereal-secrets-lifting-the-lid-on-the-worlds-big-4-grain-traders/

초국적 농식품복합체의 지배력 강화는 식량보장food security의 사유화로 귀결되었다. 세계 식량 재고의 60%가 기업의 관리하에 있으며, 6개의 기업이 밀과 쌀 무역의 80%를 점유하고 있다. 특히 'ABCD 그룹'이라고 불리는 4대 곡물 메이저 기업들인 아처대니얼스미들랜드ADM, 벙기Bunge, 카길Cargill, 그리고 루이드레퓌스Louis Dreyfus는 전 세계 곡물무역의 75~90%를 차지하고 있는 것으로 추정된다.

앞에서 살펴본 바와 같이 최근 식량위기는 점차 만성적인 문제가 되고, 국제 농산물가격은 중장기적으로 오르고 있다. 이는 몇 가지 요인으로 설명될 수 있다. 첫째, 기후 변화와 기상이변에 따른 농산물 수확 감소이다. 둘째, 전 세계적인 도시화와 탈농업화이다. 셋째, 중국을 비롯한 신흥 공업국가들의 육류 소비 증가에 따른 사료 수요의 증가이다. 넷째, 옥수수를 비롯한 일부 곡물의 연료화이다. 특히 미국의 경우 보조금을 지급하면서 곡물을 연료로 사용하도록 함에 따라 옥수수의 국제가격에 부담을 주고 있다. 최근에는 농산연료agro-fuel의 수요가 가세해서 곡물가격의 상승을 부추기고 있다. 《가디언》이 입수한 세계은행 내부 보고서에 따르면 농산연료가 세계 식량위기에 미치는 영향의 비중은 약 75%로 평가되었다(2008년 7월 4일 자 기사). 《파이낸셜타임스》에 따르면, 미국은 식량위기가 계속되고 있는 상황에서도 자국에서 생산된 옥수수의 40%를 농산연료(바이오에탄올)를 만드는 데 사용하고 있다(2012년 8월 9일 자 기사). 옥수수를 주식으로 하는 나라의 국민들은 굶주리는데, 미국에서는 옥수수가 사료와 연료로 사용되고 있는 것이다.

인도의 농민운동가이자 이론가인 반다나 시바는 "종자와 식량을 지배하는 자가 세계를 지배한다"라고 했는데, 결과적으로 종자와 식량을 지배하는 소수의 초국적기업들이 세계 식량체계를 지배하고 있는 셈이다. 예를 들면, 카길은 미국 곡물 수출량의 25%, 미국 육류 유통량의 25%, 우리나라 곡물 수입량의 40%를 차지하는 등 실질적으로 시장을 지배하고 있다고 할 수 있다. 그 밖에 델몬트는 과일, 타이슨푸드는 닭고기·쇠고기 등 육류, 네슬레는 가공식품의 실질적 지배자로 군림하고 있다.

1990년대 이후 더 큰 문제는 이러한 식품 관련 기업들이 인수·합병을 통해 끊임없이 시장 지배력을 높여 왔다는 것이다. 농화학 다국적기업인 몬산토, 듀폰, 신젠타 등은 이제 농약·비료·종자·화학·제약·생명공학 등의 분야를 아우르며 그야말로 초국적 농식품·제약 복합체로 변신하고 있다. 초국적 식품기업들의 입장에서는 먹거리의 공급량과 가격을 조절하는 힘과 가격의 변동 폭이 클수록 오히려 더 큰 수익을 창출할 수 있다. 〈그림 3-1〉이 그 실례를 보여 준다.

거대 식품기업에 의해 지배되는 현대 기업식량체제는 몇 가지의 사회생태적 결과를 낳는다. 첫째, 계절과 지역을 넘어서는 먹거리를 제공한다. 슈퍼마켓에서 우리는 사시사철 비슷한 과일을 구입한다. 한겨울에도 오렌지나 바나나를 사 먹는다. 겨울에 먹는 오렌지나 바나나는 분명히 머나먼 남쪽 지방이나 난방시설을 갖춘 하우스에서 생산된다.

제철이 아닌 과일이 장거리 이동을 통해 한국에까지 도달한 것이거나 대량의 석유를 사용하여 하우스 과일을 생산한 것이다. 그 어느 쪽이든 많은 이산화탄소를 사용한 것이므로 생태적이지 않다.

둘째, 식품의 장거리 이동과 장기간 보관을 위해서는 많은 경우 '수확 후 농약'이나 보존제 같은 화학물질을 사용한다. 미국의 중부지방에서 수확한 옥수수나 밀이 한국에까지 오기 위해서는 기차와 선박을 이용하는데, 결국 그 긴 시간 동안 벌레나 부패를 막기 위하여 인위적 개입이 있으리라는 것은 쉽게 짐작할 수 있다. 예컨대 다량의 '수확 후 농약'이 사용된다.

셋째, 세계적인 육류 소비의 증가는 공장형 축산을 빠르게 확산시켰다. 집중형 사육시설에서 발생할 수 있는 전염병을 예방하기 위한 항생제나 가축의 성장을 촉진시키기 위한 성장호르몬의 사용이 빈번하다. 이렇게 생산된 고기가 과연 사람의 건강에 어떤 영향을 미칠 것인가에 대한 우려가 높아지는 것이다.

넷째, 거대 초국적기업들에 의해 실질적으로 통제되는 식량체계에서는 소농, 자영업자, 소비자들의 입지가 점점 줄어든다. 기업들이 먹거리 생산과 유통을 지배하고, 소비자들에게 일방적으로 표준화된 먹거리를 공급하기 때문이다. 더군다나 신자유주의의 흐름 속에서 국가의 규제마저 약화되면서 먹거리 안전에 관한 우려도 높아지고 있다.

다섯째, 단작-대량생산형 농업은 자연환경과 생물 다양성을 훼손하고 있다. 곳곳에서 진행되고 있는 과도한 집중적 산업형 농업은 토질 악화, 지하수 고갈, 토양 및 수질 오염 문제를 낳고 있다. 대규모 축산의 경우도 오폐수에 의한 심각한 환경파괴 문제를 야기하고 있다.

○ 추천하는 책

김흥주 외, 2015, 『한국의 먹거리와 농업』, 따비.
윤병선, 2015, 『농업과 먹거리의 정치경제학』, 울력.

4장

한국인의 음식 소비 변화

사람들마다 '입맛'이라는 것이 있다. 어떤 사람은 생선을 좋아하고, 어떤 사람은 쇠고기를 좋아한다. 같은 생선이라도 조림을 좋아하는 사람이 있는가 하면 회를 선호하는 사람도 있다. 이러한 음식에 대한 취향은 어떻게 만들어지는 것일까?

한 개인이 무엇을 먹고, 어떤 음식을 좋아하는가는 자신을 사회화 socialization시킨 조직과 깊이 관련된다. 일반적으로 개인에게 있어 가장 중요한 조직은 가족이다. 태어나서 직접적으로 상호작용을 하는 부모와 직계 가족으로부터 사회적 존재로서 살아가는 방법을 무의식적으로 배우게 된다. 무엇을 먹는가도 이 과정에서 매우 중요한 영역이다. 모유를 먹는지 혹은 분유를 먹는지, 어떤 이유식을 먹는지, 그리고 자라면서 어떤 음식을 주로 먹는지 등이 개인의 입맛과 식습관에 큰 영향을 주는 것이다. 부모가 짜게 먹으면, 자녀들도 짠 음식을 맛있다고 느낀다. 자녀들은 대개 부모님이 선호하는 음식을 좋아하게 된다. 어려서부터 먹던 음식을 맛있다고 느끼고, 자라서도 그런 음식들을 선호하게 되는 것이다.

조금 더 생각해 보면, 가족이라는 단위도 완전히 분리된 조직이 아니다. 하나의 가족 단위는 이웃이나 지역사회 안에 존재한다. 예컨대 나와 내 가족이 거주하는 지역이 바닷가 근처라면 그 지역에 사는 사람들은 바다에서 나는 식자재를 많이 사용하고, 그것을 활용한 음식을 많이 먹게 된다. 통영이나 남해 쪽에서는 국에 제철 생선을 많이 넣는다. 도다리 미역국이나 광어 된장국 등이 흔한 음식이다. 반면 서울·경기 지역 사람들은 바닷고기를 국에 넣는 것을 낯설어한다. 국에는 쇠고기를 넣는 것이 일반적이라고 생각한다.

하지만 음식에는 옳고 그른 것이 없다. 다만 다를 뿐이다. 그 다름 혹은 차이를 만들어 내는 원인이 무엇인지가 중요하다. 전통사회에서는 자연적 요인 즉 기후나 지역 혹은 많이 재배되는 농작물 등이 음식의 차이를 만들어 냈다. 하지만 산업화와 도시화를 특징으로 하는 현대사회에서는 사회적이고 역사적인 요인들이 더 많이 관여한다. 외식 산업이나 음식 관련 방송, 미디어에 자주 나오는 셰프 등의 영향력이 커졌다고 할 수 있다. 또한 최근에 진행되고 있는 세계화는 음식 습관이나 문화에 영향을 주는 중요한 요인이라고 할 수 있다.

이 장에서는 한국인들의 음식 소비문화의 특징과 변화를 역사적으로 검토해 본다. 더 나아가 음식 소비 변화의 의미와 원인이 무엇인가에 대해 알아보도록 하겠다. 해방 이후 남한의 다양한 역사적 변화 속에서 진행된 우리들의 식습관에 대해 사회학적 상상력을 발휘하고자하는 것이다.

한국인은 무엇을 먹는가

🍴

'내가 먹는 것이 바로 나I am what I eat'라는 서양 격언이 있다. 어떤 음식을 먹느냐가 그 사람의 정체성을 나타낸다는 것이다. 그런데 사회학적으로 생각해 보면, '나'는 사회관계 속에서 만들어지고 존재한다. 따라서 내가 먹는 것은 나를 둘러싸고 있는 사회구조와 관계망에 의해 크게 영향을 받는다. 그리고 개인의 선택과 행위가 모여 집단의 특징을 보여 준다. 개인과 사회는 서로 상호작용하면서 함께 변화해 간다고 할 수 있다.

지금부터 한국인들의 식습관에는 어떤 특징과 변화가 있는지 경험적 자료를 통해서 관찰하도록 하겠다. 우리가 무엇을 먹느냐가 한국 사회의 변화를 보여 준다는 점에서, 〈표 4-1〉에 제시된 통계들을 통해 한국의 사회변동을 읽어 내고자 하는 것이다.

〈표 4-1〉은 한국인들의 식품 소비 변화를 보여 주는 표로서, 1인당

<표 4-1> 한국인의 1인당 식품 소비량 변화 (kg)

	1965	1970	1975	1980	1985	1990	1995	2000	2005	2010	2015
쌀	131.5	133.8	119.8	132.9	128.0	120.8	110.6	97.9	83.2	81.5	71.7
밀	14.9	18.8	30.1	29.4	32.0	29.7	34.1	36.1	31.6	33.3	32.1
설탕	1.3	6.3	5.2	10.3	11.7	15.3	17.8	17.9	21.2	22.7	22.4
채소	46.7	65.6	62.5	120.6	98.6	132.6	160.6	165.9	145.5	132.2	137.5
과일	9.8	12.0	13.9	16.2	26.6	29.0	39.1	40.7	44.7	44.2	60.0
육류	5.9	8.4	9.3	13.9	16.5	23.6	32.7	37.5	36.6	43.5	52.9
달걀	1.9	3.8	4.0	5.9	6.3	7.9	8.6	8.6	9.1	9.9	11.0
유제품	2.1	3.0	4.4	10.8	23.1	31.8	38.5	49.3	54.0	57.0	63.6
어패류	16.6	23.1	24.6	22.5	30.7	30.5	33.4	30.7	39.9	36.6	41.3

출처: 한국농촌경제연구원 「식품수급표」

연간 소비량을 제시하고 있다. 표를 통해 지난 50년 동안 진행된 한국인의 중요한 식습관 변화 몇 가지를 읽을 수 있다.

첫째, 쌀 소비의 급격한 감소이다. 1965년 1인당 연간 131.5kg의 쌀을 먹었지만, 2015년에는 71.7kg으로 감소했다. 2019년에 발표된 통계청 자료 「2018년 양곡 소비량 조사 결과」에 따르면 2018년 한국인의 1인당 쌀 소비량은 61kg에 불과했다. 쌀 중심의 전통적인 식습관이 크게 바뀐 것이다.

둘째, 고기 소비가 50년 사이에 거의 9배로 늘어났다. 1965년 1인당 연간 육류 소비량은 5.9kg에 불과했지만, 2015년에는 52.9kg으로 크게 증가했다. 소득이 증가하면서 육류 섭취량이 증가한 것이다.

셋째, 해방 이전에는 많이 먹지 않던 밀의 소비량이 꾸준히 증가했으며, 특히 전체 곡물 소비량 가운데 밀이 차지하는 상대적 비중이 커졌다. 이는 1980년대 중반 이후 곡물류 소비가 점차 감소하고, 대신 육류, 유제품, 달걀 등의 소비량이 증가했기 때문이다. 밀은 비교적 건조하고 선선한 날씨에서 잘 자라기 때문에 예전부터 한반도에서는 많이 생산되지 않았고, 소비량도 적었던 것으로 추정된다. 『고려도경高麗圖經』에 따르면, 고려에는 밀이 적어 화북지방에서 수입하였고 밀가루의 값도 매우 비싸서 잔치 때가 아니면 먹지 않았다고 한다. 밀을 활용한 대표적인 음식인 잔치국수의 '잔치'라는 표현이 보여 주듯, 밀을 활용한 음식은 결혼식이나 환갑잔치 등 특별한 날을 위한 것이었다.

귀하고 비싼 곡물이던 밀은 해방 이후 이루어진 미국의 원조에 의해 흔하고 값싼 곡물이 되었다. 1950년대 이후 미국의 밀 원조 프로그램 때문에 제3세계 지역에서 밀 소비량이 증가하기 시작했으며, 이제 한국에서도 밀은 매우 중요한 식재료로 자리 잡았다. 1965년에 1인당 연간 밀 소비량은 14.9kg이었는데 2015년에는 32.1kg으로 증가했다. 특히 젊은 층에게 밀은 제2의 주식으로 자리 잡았다고 해도 과언이 아니다.

넷째, 설탕 소비량의 급속한 증가가 눈에 띈다. 1965년에 한국인들은 1인당 연간 1.3kg의 설탕을 먹었는데, 2015년에는 그 양이 무려 22.4kg에 달하게 되었다. 1970년대만 해도 귀한 식품으로, 명절이면 반가운 선물이었던 설탕이 이제는 흔하고 값싼 식품이 되었다. 직접적인 가정 내 소비보다는 각종 음료수, 과자, 사탕, 디저트류 등을 통해 소비자들이 잘 인식하지 못한 채 대량의 설탕을 소비하고 있는 것이다.

이제부터는 한국인의 식습관 변화의 사회적 의미를 보다 상세하게 논의할 것이다. 식품 소비의 변화를 통해 한국의 사회변동을 읽어 내고자 한다.

쌀 소비의 감소

🍴

쌀 소비의 감소는 식습관과 식문화의 변화를 보여 준다. 전통적인 한국인의 식단은 밥을 중심으로 구성되었다. 농경사회에서 탄수화물은 중요한 에너지원이었고, 그중에서도 쌀밥은 가장 중심에 있었다. 쌀밥을 한 사발 가득 먹는다는 것은 옛사람들에게 최고의 로망이었다. 조선 숙종 때 박두세(1650~1733)의 수필집『요로원야화기』에 보면, "밥사발 수북하게 드렸더니 다 들고 좋아하셨다"라는 표현이 있다(정혜경, 2015: 51, 재인용). 조선시대, 일제시대를 거치면서도 대부분의 사람들에게 쌀은 음식의 핵심이요 채울 수 없는 욕망이었다. 하얀 쌀밥은 제사 혹은 생일에나 먹을 수 있는 음식이었다. 20세기 해방 이후에도 쌀밥을 먹는다는 것은 매우 특별한 일이었다. 쌀밥은 심지어 체제경쟁의 상징이 되기도 했다. 1960~1970년대 박정희와 김일성은 서로 남한과 북한 국민들에게 하얀 쌀밥을 맘껏 먹는 사회를 만들겠다고 주장하며, 정치적 정당성을 확보했던 것이다.

1980년대 초반 쌀 자급이 이루어지면서 쌀에 대한 한국인들의 욕망이 충족되었다. 빈곤의 시대를 지나 소득이 급성장하는 1980년대 중반, 남한의 쌀 소비량은 정점을 찍는다. 이제 쌀밥을 맘껏 먹게 된 것이다. 소득이 증가하면서 한국인들은 쌀밥보다 더 귀한 음식에 눈을 돌리게 되는데, 그것이 고기이다.

고기 소비의 증가
🍴

육식의 증가는 1980년대 중반 이후 급속히 진행되었다. 1980년대 중반 이후 남한에서는 급격한 경제성장이 이루어졌고, 1인당 국민소득도 빠르게 증가했다. 소위 중산층이 형성되고, 팽창되었다. 중산층들은 그동안 먹지 못했던 귀한 음식, 즉 고기를 본격적으로 먹기 시작했다. 도시 곳곳에 '고기' 중심의 메뉴를 판매하는 식당들이 생겨났다. 이는 매우 새로운 현상이었다. 사람들은 고기를 전문으로 파는 식당에서 쇠고기, 돼지고기 등을 먹게 되었다. 'OO가든'이라는 이름을 달고, 중산층의 입맛을 공략하는 고깃집들이 곳곳에 생긴 것이다. 강남 개발로 상징되는 시기에 갈빗집이 강남을 중심으로 들어서기 시작했다(황교익, 2011: 77). 제사 또는 생일에나 맛보던 쇠고기 소비가 증가하였고, 조금 더 가격이 저렴한 돼지고기와 닭고기의 소비량도 급증했다.

1980년대 육류 소비 증가에서 눈에 띄는 현상 중의 하나는 직접 불에 굽는 방식으로 먹는 삼겹살의 유행이라고 할 수 있다. 이 유행은 생산 측면에서는 일본 수출을 위한 돼지 집단사육방식의 도입과 수출 후 남은 잉여 부위인 삼겹살의 공급이라는 산업적 조건에 힘입었다. 소비문화의 측면에서는 직장이나 지인들 간의 회식문화와 깊이 관련된다. 더불어 가스를 활용하여 간편하게 고기를 구울 수 있는 기반이 마련되면서 삼겹살 소비가 기하급수적으로 증가했다(윤덕노, 2014).

대한민국 곳곳에 고기를 전문적으로 판매하는 음식점들이 생겨났다는 말은 고기의 대량소비가 발생했다는 말이다. 고기 수요가 급증하면서, 이를 충족시키기 위한 국내 축산업의 발달이 빠르게 진행되었다. 닭을 시작으로 돼지와 소를 대규모로 사육하는 농가들이 늘어났다. 일종의 공장형 축산이 자리 잡게 된 것이다. 공장형 축산의 핵심은 옥수수와 콩 등의 곡물사료이다. 이러한 곡물들은 20세기 초중반에 산업형 농업을 통해 잉여 농산물을 생산하고 있던 미국에 의해 주로 공급되었다. 수입 곡물을 기반으로 공장형 축산이 한국에서도 빠르게 확산되었다.

고기에 대한 수요가 계속 증가하면서 국내 생산량만으로 충당하지 못하게 되자 외국으로부터 많은 고기를 수입하게 되었다. 이는 물론 미국을 비롯한 고기 수출국가들의 압력과도 관련이 된다. 2008년 미국산 쇠고기 수입 전면 자유화에 대한 반대 촛불집회는 이러한 맥락에서 일어났던 것이다. 미국과의 자유무역협정 타결에 급급했던 당시 이명박 정부가 광우병 위험이 있는 미국산 쇠고기에 대한 무분별한 수입 자유화를 결정함으로써, 국민들의 건강을 위협하는 결과를 낳았다. 이에 따라 수백만 명의 시민들이 100일 동안 검역주권을 외치며 촛불을 들었다. 이는 시민들이 자신의 먹거리 안전과 생명권을 주장한 사건으로, 넓은 의미의 식량주권운동으로 평가할 만하다.

밀 소비의 증가와 그 함의

이제 한국인들의 식품 소비 변화의 세 번째 특징인 밀 소비의 증가에 대해 살펴보자. 밀 소비의 증가는 밀을 활용한 음식의 개발 혹은 발명을 의미했다. 귀하고 비쌌던 밀이 한국전쟁 이후 미국의 원조 프로그램에 의해 대량으로 국내에 유입되었다. 문제는 이 넘쳐 나는 밀을 어떻게 먹을 것인가 하는 것이었다. 밀가루를 활용한 다양한 음식들이 대중에게 확산되었다. 많은 한국인에게 추억의 음식인 수제비, 칼국수, 멸치국수 등이 미국산 밀을 활용해서 만든 대표적 음식이다.

밀을 본격적으로 활용한 가공식품이 라면이다. 오늘날 한국인들은 1년에 평균 70개 이상의 라면을 먹는 것으로 집계되는데, 이는 1인당 소비량으로는 세계 최고이다. 라면에 사용되는 밀은 거의 대부분 미국이나 호주에서 수입된다. 그 밖에도 빵, 국수, 파스타, 과자류, 피자 등 다양한 식품을 만들어 내는 밀은 한국인에게 매우 중요한 곡물이 되었다. 그 결과 1년간 1인당 30kg 이상을 먹게 된 것이다. 언제부터, 또 어떻게 이렇게 밀을 많이 먹게 되었을까?

앞에서 지적했듯 해방 이전까지도 밀은 흔한 곡물이 아니었으며, 당연히 많이 소비되지도 않았다. 조선시대에는 밀가루를 '진짜 가루'라는 의미로 진말眞末이라고 불렀다. 이렇게 귀했던 이유는 물론 기후와 토질 때문에 밀 생산이 많지 않았기 때문이다.

밀이 우리 식탁에서 인기 품목이 된 것은 미국의 식량원조 프로그램 때문이다. 한국전쟁 이후 미국의 잉여 농산물 원조가 시작되면서 밀은 우리 입맛을 바꾸기 시작했다. 1954년 미국의 "농업수출진흥 및 원조법PL480"이 발효되어 미국 농산물이 대량으로 국내에 수입된다. 이 법은 미국 농산물의 해외 소비량을 늘리고 대외관계를 향상시키려는 취지로 만들어진 것이다. 만성적인 잉여 농산물 문제를 해결하고, 전후 세계질서 재편을 위해 미국은 PL480을 통해 자국의 농산물을 제3세계로 수출하였다.

대량으로 유입된 미국의 농산물, 특히 밀은 한국사회에서 여러 가지 역할을 하게 된다. 첫째, 값싼 식량이 유입됨으로 인해 국내 농산물 가격을 낮추었다. 이는 도시 서민들에게는 도움이 되었지만, 농민들의 경제적 어려움을 가중시켰다. 둘째, 저임금을 바탕으로 한 산업화 전략에 기여했다. 1960년대 이후 경공업 중심의 수출지향적 산업화는 값싼 노동력을 기반으로 한 것이었는데, 미국산 밀은 저곡가 정책을 통해 노동비용을 낮추는 역할을 했던 것이다. 셋째, 장기적으로 한국인들의 입맛을 변화시켜, 국내 밀가루 소비의 지속적 증가를 가져왔다. 소위 '밀의 덫wheat trap'에 빠지게 되어 1970년대 초 원조가 중지된 이후에도 상업적 무역을 통해 밀가루를 수입할 수밖에 없게 되었다. 밀의 덫이란, 지역에서 생산되는 전통적인 주식을 멀리하고 수입된 밀을 먹게 되는 현상을 의미하는데, 그 덫의 미끼가 원조 프로그램이라고 할 수 있다. 값싼 밀로 인해 제3세계 사람들의 입맛이 바뀌어 전통적인 지역산 주식을 포기하고 수입 밀을 소비하게 됨에 따라 식량주권이 위협받게 되는 것이다.

값싼 수입 밀에 의존하며 펼쳐진 저곡가 정책은 1960~1970년대 저임금 수출산업 경쟁력의 기반이 되었다. 한국에서 젊은 여성 노동자들의 장시간·저임금 노동체제가 유지될 수 있었던 것은 미국에서 수

〈그림 4-1〉 국수를 내건 소규모 제면소

입된 밀로 만든 라면 및 국수 때문이었다. 초기 산업화 과정 중 우리가 흔히 겪었던 '눈물 젖은 라면 스토리' 이면에 미국의 밀가루가 있었던 것이다. 그런 의미에서 수입 밀은 한국의 노동계급 형성에 있어서, 그리고 착취적인 노동관계에 있어 중요한 조건 중의 하나였다.

밀의 대중적 대량소비를 낳은 것은 국수이다. 무엇보다 가격이 싼 수입산 밀을 활용해서 여러 형태의 국수가 만들어졌다. 첫째는 소규모 공장에서 생산하는 하얀 국수 혹은 소면이다. 어느 지역에 가든 작은 국수 공장이 있었고, 길가에 갓 뽑아서 늘어놓은 길고 하얀 국숫발을 볼 수 있었다. 서민들은 값싼 국수를 사다 멸치로 국물을 내고 김치를 곁들여 주린 배를 채우곤 했다.

둘째, 인스턴트 국수 즉 라면의 산업적 생산이다. 오늘날 한국인들이 즐겨 먹는 인스턴트 라면은 일본의 안도 모모후쿠가 1958년 개발한 것으로 알려져 있다. 모모후쿠는 값싼 미국산 밀을 활용한 간편식으로 면을 튀겨 오래 보관하고, 끓는 물에 간단히 조리하는 라면을 만들었다. 미군에 의해 구호품으로 풀린 밀을 어떻게 소비할까 하는 일본인들의 고민이 라면에 녹아 있는 것이다. 1963년 한국의 삼양사는 일본의 기술을 도입해 국내 최초로 치킨 라면을 출시했다. 이후 정부의 적극적인 혼분식 정책 덕분에 라면의 매출은 급속하게 늘어나 1969년에는 연간 1500만 봉지가 판매되었다고 한다. 밀가루를 활용하자는 분식 운동의 최대 수혜자는 라면회사들이었다고 할 수 있는 것이다. 1965년 14.9kg에 불과했던 1인당 밀가루 소비량은 1970년 18.8kg, 1975년

〈그림 4–2〉 삼양 치킨 라면

30.1kg으로 급증하였는데 이 중 상당 부분은 라면을 통해 이루어진 것으로 추정된다.

이러한 변화 속에서 국내 최초로 라면을 생산 판매하기 시작한 삼양은 대기업으로 성장할 수 있었다. 삼양식품의 창업주 전중윤은 "운명의 여신은 삼양을 향해 미소를 보내기 시작했습니다. 정부에서는 부족한 쌀의 수요를 줄이기 위해 강력하게 분식장려 정책을 펴고 있었습니다. 식량이 부족한 나라로서는 당연한 정책이었습니다. 이 정책을 위해서 삼양라면은 벌써 2년 전부터 라면 생산을 통해 그 정지작업을 해 온 셈이니 앞을 내다보는 눈이 있었다고 봐야 옳지요"라고 밝힌 바 있다.

셋째, 라면과는 전혀 다른 기원을 가지지만 밀 소비에 있어 큰 역할을 한 중국음식점의 면 메뉴들이다. 대표적으로는 짜장면과 짬뽕을 꼽을 수 있다. 이는 중국 산둥성 출신의 노동자들이 이주하면서 들어온 중국식 비빔국수가 한국화된 음식이다. 오랜 역사를 가졌지만 본격적으로 한국인들의 인기 음식이 된 것은 1970년대 이후로, 최초의 대중적 식당인 '중국집'이 보편화되면서부터라고 할 수 있다. 특히 박정희 정부에서 짜장면을 물가지수 계산에 편입시키면서 낮은 가격을 유지했으며, 이에 따라 국민 음식으로 자리 잡았다.

국내에서 밀가루 소비가 계속 증가한 데는 정부와 곡학아세하는 학자들의 역할이 컸다. 국내 쌀 부족 현상에 따른 국민들의 불만을 잠재

우기 위해 정부와 일부 영양학자들은 쌀밥 중심의 전통식단을 폄하하고, 밀가루를 예찬하는 다양한 프로그램들을 운영했다. '식생활 개선'이라는 명목하에 다양한 밀 소비 증진 프로그램을 시행하였다. '분식의 날'이 정해졌으며, 일부 여성단체들은 분식권장궐기대회를 개최하기도 했다. 극장에서는 영화 상영 전에 보여 주는 〈대한뉴스〉를 통해 밀가루가 쌀보다 영양가가 높다는 메시지를 전달하기도 했다. 이렇게 하면서 한국인들의 식탁에 밀로 만든 음식이 점차 늘어났다.

밀로 만든 빵은 근대성을 상징하는 것이기도 했다. 1960~1970년대 박정희 정부는 근대화를 적극 추진했다. 당시 근대화는 한국의 전통을 낡고 비합리적이며 후진적인 것으로 규정하는 반면 서구의 문화를 새롭고 합리적이며 선진적인 것으로 규정했다. 이에 따라 한국 전통의 음식 역시 전근대적인 것으로 간주한 반면 서구의 음식, 특히 미국인들의 식습관을 근대적이고 발전된 것으로 여기게 되었다. 미국 영화나 문학작품을 통해 접하게 된 서구인들의 음식이 한국인들에겐 풍족한 삶, 영양가 있는 음식으로 여겨지게 되었다.

밥, 국, 반찬으로 이뤄진 우리 밥상에 비해 빵, 커피, 우유, 버터, 달걀프라이, 베이컨 등으로 구성된 미국의 전형적인 아침 식사가 '아메리칸 브렉퍼스트American Breakfast'로 불리며 선진적 식단으로 간주되었다. 예컨대 공지영의 소설 『봉순이 언니』에서 어머니는 다음과 같은 말을 한다. "빵이 밥보다 얼마나 영양가가 높은데 그러니? 지금 나라에서도 분식하라고 난린데. 우리보다 잘사는 서양 사람들은 그 좋은 밥 안 먹

〈그림 4-3〉 달걀프라이, 빵, 베이컨 등으로 구성된 아메리칸 브렉퍼스트

고 이 빵만 먹는다더라." 밀을 이용한 빵, 그리고 빵과 조합이 되는 서양식 음식이 한국 중산층의 상징으로 자리 잡기 시작했던 것이다.

쌀밥의 사회사

🍴

비록 최근 들어 소비량이 많이 줄었지만 여전히 쌀밥은 한국인들의 주식이다. 전통적인 한국인들의 식사는 밥, 국, 그리고 반찬 몇 가지로 구성되는데, 어떤 의미에서 반찬과 국은 밥을 많이 먹고 잘 소화시키기 위한 부차적인 음식이었다. 최고의 밥은 물론 쌀밥이지만 보통 사람들에게 쌀은 비싸고 귀한 곡물이었고, 쌀 대신 보리, 콩, 조, 팥 등 다양한 잡곡을 섞어 먹는 것이 일반적이었다. 서민들에게 하얀 쌀밥은 명절이나 생일 혹은 제사 때나 먹을 수 있는 음식이었다.

간단하게나마 일제시대 조선인들의 식량 사정이 어땠는지를 살펴보자. 일본제국은 조선을 식민화한 후 토지조사, 간척, 관개사업, 산미증식계획 등을 통해 한반도에서 농업 생산성 향상을 시도했다. 무엇보다 일본의 경제발전과 산업화에 따라 팽창하던 도시 노동자들의 식량 수요를 충당하기 위해서였다. 그 결과 식민지 조선의 쌀 생산량은 1910년 약 50만 톤에서 1938년에는 100만 톤으로 증가했다. 농업 생산 전체로 볼 때는 미곡으로의 집중이 이루어졌다. 예컨대 농업 총생산량에서 쌀이 차지하는 비중은 1920년 57.4%에서 1935년 63.6%로

〈그림 4-4〉 일제강점기의 미곡 공출 풍경 (군산항)

출처: 국립민속박물관

〈그림 4–5〉 조선인(한국인)의 식품군별 1인 1일 섭취 칼로리 (1910~2013)

출처: 육소영, 2017.

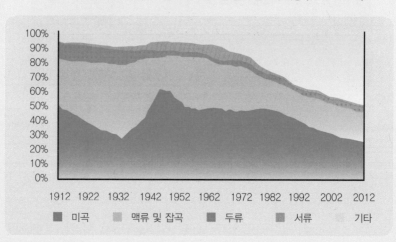

〈그림 4–6〉 조선인(한국인)의 식품군별 1인 1일 섭취 칼로리 비중 (1910~2013)

출처: 육소영, 2017.

증가했다. 이들 가운데 대부분은 무역과 공출을 통해 일본으로 수출되어, 일본 노동자들의 밥상에 올랐다. 조선미는 질적으로도 우수하고 일본인들의 구미에 맞았다고 한다. 1910년 1~2석에 불과하던 조선에서 일본으로의 쌀 수출량은 1930년대에 정점에 달해 10석에 이르렀으며, 일본의 미곡 시장에서 조선미가 차지하는 비중도 1920년 약 6%, 그리고 1930년에는 약 15%에 달했다. 그 결과 조선미의 수입은 일본의 쌀값 안정에 크게 기여했다(이헌창, 2016: 340).

한편 식민지 조선의 식량 사정은 양적인 면에서나 질적인 면에서 악화되었다. 농민과 노동자들은 주로 보리를 포함한 잡곡을 주식으로 했다. 육소영의 추정에 따르면, 1920년 조선인의 1인당 칼로리 공급량은 약 2,000kcal였으며, 1940년대 초반에는 1,400kcal 정도까지 떨어진다 (〈그림 4-5〉). 그리고 쌀 소비량은 급격히 감소하고, 이를 보리 및 잡곡류가 대체했다(〈그림 4-6〉).

해방 이후에도 쌀밥에 대한 한국인들의 욕구는 충족되지 못했다. 특히 한국전쟁으로 나라 전체가 폐허와 빈곤의 나락으로 떨어졌다. 부족한 식량은 미국에서 보내온 원조 식량을 통해 충당되었다. 특히 대량으로 유입된 미국산 밀가루가 대중화되면서 수제비, 칼국수, 소면 등이 한국인의 식탁에 자주 오르게 되었다. 쌀밥은커녕 하루 세끼를 찾아 먹는 것도 쉽지 않은 상황이었다. 1960년대 중반 이후 근대화와 산업화를 통해 경제발전이 시작되었지만, 쌀 생산량은 늘지 않아 서민들에게는 쌀밥이 여전히 귀한 음식이었다. 식량 자체가 부족하여 봄이면 보릿고개라는 말이 여전히 언론을 통해 보도되곤 했다. 서민들은 하얀 쌀밥을 동경하며, 힘든 시절을 버텼다.

1960년 쿠데타를 통해 권력을 장악한 박정희는 1961년 10월 재건운동본부를 통해 쌀 절약운동을 전개한다. 정부에 의한 위에서부터의 식량 통치 정책이 '운동'이라는 이름으로 진행된 것이다. 소위 '절미운동'을 벌이면서 국민들은 절미통, 절미항아리 등에 매일 일정량의 쌀을 넣어 절약하도록 강요받는다.

정권 차원에서 쌀은 정당성의 기반이자 북한과의 체제경쟁에서의 중요한 상징이었다. 예를 들면 북한의 김일성은 1962년 신년사를 통해 "머지않아 모든 인민들이 이밥에 고깃국을 먹고 비단옷을 입으며 고래 등 같은 기와집에 살게 해 주겠다"라고 천명했다. 쌀 생산량을 늘리기 위한 노력이 이뤄지면서 김일성은 "비료는 쌀이고, 쌀은 공산주의다"라고 선언하기도 했다. 1963년 10월 5일, 김일성은 남한이 미국의 잉여 농산물로 식량 문제를 해결하는 것과는 달리 북한은 5~6년 전부터 쌀을 자급자족해 왔다며, 남쪽에 식량원조를 제안하기도 했다. 쌀을 통해 체제의 우월성을 과시하려고 했던 것이다.

식량 부족과 굶주림의 문제를 해결하기 위해 남한의 박정희 역시 다양한 정책을 시행한다. 우선 박정희 정부는 혼분식 장려 정책을 적극 추진하며 밥에 보리나 수수 등의 잡곡을 섞도록 했다. 1964년 8월부터 모든 음식점은 육개장, 곰탕, 설렁탕 등에 쌀 50%, 잡곡 25%, 면류

25%를 넣어 조리하도록 하는 조례가 시행되었다. 1969년 1월에는 미곡 소비 억제를 위한 행정명령이 발표되었는데, 그 내용은 "① 모든 음식 판매업소에서는 반식飯食에 25% 이상의 보리쌀이나 면류를 혼합 판매해야 한다. ② 모든 음식 판매업소는 매주 수요일·토요일 11~17시에 쌀을 원료로 하는 음식을 판매하지 못한다. ③ 관공서, 국영기업체의 구내식당에서는 일체 쌀을 원료로 하는 음식 판매를 금지한다" 등이었다.

즐거운 혼·분식

1. 들에는 맑은 바람 뜨거운 햇볕 빛깔도 고옵게 오곡을 키워
   그 곡식 고루 먹고 자라는 우리 넘치는 영양에 살찌는 살림
   쑥쑥 키가 큰다 힘이 솟는다 혼식 분식에 약한 몸 없다
2. 하얀 국수가락 맛좋은 빵에 고소한 잡곡밥 그 맛을 알면
   애와 같이 밝은 마음 튼튼한 육체 우리도 넉넉히 살 수 있어요
   쑥쑥 키가 큰다 힘이 오른다 혼식 분식에 약한 몸 없다
3. 모자라는 흰쌀에만 마음 쏠리던 연약한 지난날 이제는 안녕
   잡곡이 밀어주는 알찬 살림에 우리도 즐겁게 살아가겠네
   쑥쑥 키가 큰다 힘이 솟는다 혼식 분식에 약한 몸 없다

(출처: 국가기록원)

정부의 혼분식 정책을 효율적으로 지원하기 위해 관변단체들 역시 거들게 되는데, "너와 나의 혼식으로 국력증강 찾아온다"라는 슬로건을 내걸고 혼식실천궐기대회가 개최되기도 하였다. 또 전국주부궐기대회에서 '각 가정에서는 15% 잡곡, 1주 3회 이상 분식을 먹자'고 다짐하기도 했다. 1973년에는 혼식의무제도가 강제되어, 30% 혼합비율을 의무화하면서 학교에서는 도시락 검사가 시행되기도 했다. 이렇듯 여러 방식으로 쌀 수요량을 관리함으로써 식량 수급 불균형 문제의 해법을 찾으려 노력했던 것이다.

쌀 수요 감축을 위한 정부의 노력에 호응해서 다양한 문화적·이데올로기적 공세가 진행된다. 미디어와 학자들은 '쌀을 먹으면 머리가 나빠진다' 혹은 '밀가루에는 칼슘과 단백질이 많아 먹으면 키가 크고 건강에 좋다'는 등의 근거가 부족한 메시지를 대중들에게 전달하려 노력했다. 유명 요리사들은 밀가루를 활용한 음식 설명회를 통해 수입산 밀의 대중화와 쌀 소비 감축을 위한 정부의 노력에 동참하였다.

또 다른 쌀 수요 감축 정책은 1963년 시행된 쌀막걸리 제조 금지 정책이다. 전국적으로 마을 곳곳에서 혹은 가정에서 쌀로 쉽게 빚어 마시던 막걸리가 식량 사정을 악화시킨다는 판단에 따라 정부가 쌀을 원료로 막걸리를 만들지 못하도록 강제한 것이다.

한편으로 쌀 소비를 억제하는 강력한 정책, 그리고 다른 한편으로 녹색혁명을 통한 쌀 증산 정책은 1970년대 후반 국내 식량 사정을 크게 개선하는 결과를 낳았다. 1976년에는 정부가 목표로 했던 쌀 자급

〈그림 4-7〉 '기적의 쌀'로 불리던 고수확 품종 통일벼

을 이룰 수 있었다. 녹색혁명을 통한 소위 '기적의 쌀' 통일벼가 확산되면서 단기간에 쌀 수확량을 늘렸던 것이다((그림 4-7) 참조). 이에 1977년 1월 연두 기자회견에 당시 남한의 대통령 박정희는 북한의 식량난이 매우 심각하다며, 북측에서 받겠다는 의사를 피력하면 상당량의 쌀을 지원할 용의가 있다고 밝혔다. 쌀 자급을 천명하며 남한 체제의 우월성을 국내외에 과시하고자 했던 것이다. 1976년 쌀 생산량이 3621만 석에 이르고 자급이 달성되면서, 쌀을 먹지 못하도록 했던 무미일無米日이 폐지되었다. 이어 1977년에 쌀 생산량 4000만 석을 돌파하였고 정부는 그해 12월 쌀막걸리 제조를 다시 허가했다.

옥수수를 먹다
🍴

옥수수는 최근 들어 자주 사용되는 작물로, 전 세계에서 가장 많이 사용되는 식품 원료이다. 탄산음료(고과당 옥수수 시럽), 식용유, 빵, 과자, 맥주, 비타민제 등 산업화된 먹거리체계의 핵심 원료로 활용된다. 또한 육식의 기반이 되는 것도 옥수수이다. 공장형 축산의 핵심인 곡물 사료의 중심에 옥수수가 있다. 패스트푸드점에서 햄버거 세트를 주문하면 옥수수를 먹여 비육된 쇠고기 패티, 옥수수 기름으로 튀긴 감자튀김, 고과당 옥수수 시럽이 가득 들어간 탄산음료가 나온다. 그런 의미에서 햄버거 세트는 옥수수 세트라고 해도 과언이 아닌 것이다.

쇠고기 1kg을 생산하기 위해서는 옥수수 7kg이 필요하며, 미국 옥수수 생산량의 60%가 소의 사료로 소비된다. 반면 세계적으로 8억 5000만 명이 굶주림에 시달린다. 사람의 식량인 옥수수를 소가 먹어 치우는 셈이다. 최근에는 옥수수를 가공한 바이오에탄올 사용이 증가하면서 문제가 더욱 심각하고 복잡해졌다. 이론적으로 기아에 시달리는 가난한 사람들은 소와 자동차에 밀려 굶주리고 있다고 할 수 있다.

2016년을 기준으로 한국인들은 연간 총 1000만 톤 이상의 옥수수를 소비하는데, 그중 770만 톤은 사료로 활용된다. 고기를 생산하기 위해 많은 양의 곡물을 소비하는 것이다. 게다가 우리나라의 옥수수 자급률은 0.8%에 불과하다. 주로 미국에서 산업적 농업을 통해 생산된 옥수수를 대량으로 수입하고 있다. 그런데 수입 옥수수의 상당 부분은 유전자 변형 옥수수라고 할 수 있다. 종전에는 사료용으로만 유전자 변형 옥수수가 수입되다가 옥수수 가격이 오르자 식품 가공용으로도 활발하게 수입되고 있다. 유전자 변형 농산물의 건강 위해성에 대해서는 논쟁이 치열하지만, 분명한 것은 그 무해성이 입증되지 않았다는 점이다.

○ 추천하는 책

김환표, 2006, 『쌀밥 전쟁』, 인물과사상사.
정혜경, 2015, 『밥의 인문학』, 따비.

5장

고기 이야기

비교사적으로 보면 어느 사회에서든 고기는 상대적으로 희귀하고, 또 비싼 음식이었다. 또한 오래전부터 많은 사회에서 고기는 힘의 상징이었으며, 현대사회에서도 그러한 관념이 존재한다. 그리고 산업화 속에서 고기의 대량생산-대량공급 체계가 만들어지면서 다수의 대중이 고기 소비의 일상화를 경험하게 되었다. 비산업사회에서 고기가 귀한 음식이라는 것은 고기가 가진 독특한 성격 때문이다. 즉 고기는 곡물과는 달리 동물이라는 존재의 변형된 모습이다. 가축, 특히 소는 음식보다는 동력원으로서 훨씬 중요한 가치를 지녔다. 따라서 쇠고기를 대량으로 섭취하기 위해서는 소의 용도가 완전히 바뀌지 않으면 안 되었다. 이러한 변화는 물론 산업혁명을 통해 일어났다.

화석연료를 사용한 에너지 생산은 농업 부문에서도 혁명을 일으켰다. 더 이상 소나 말의 축력에 의존하지 않고 농사를 지을 수 있게 된 것이다. 이 과정에서 소는 고기 생산을 위한 먹거리로 전환되었다. 그에 따라 소의 대량사육체계가 완성되어 갔으며, 쇠고기의 대량소비가 서구사회를 중심으로 진행되었다. 하지만 고기의 대량생산체계가 가장 먼저 이루어진 것은 육계肉鷄(고기닭) 부문이었다. 이는 전통사회에서도 닭고기는 비교적 값싸고 유연한 단백질 공급원이었기 때문이라고 할 수 있다. 그 뒤를 이어 돼지고기의 대량생산-대량소비 체계가 진행되었다.

이 장에서는 먼저 고기의 대량소비를 지원하는 대량생산체계의 특징과 의미에 대해 사회학적 분석을 시도할 것이다. 이러한 작업을 통해 공장형 축산이 가진 문제점을 밝힌 뒤, 한국의 육류 소비 및 수급 현황을 경험적으로 분석할 것이다. 궁극적으로는 육류 소비 증가와 공장형 축산이 지닌 사회생태적 함의를 비판적으로 논의할 것이다. 특히 한국사회에서 지속 가능한 육류체계가 가능한가 하는 질문을 던지고자 한다.

사회변동과 고기

🍴

육류의 소비는 일반적으로 경제성장이나 소득 증가와 깊이 관련된다. 하지만 고기 소비와 더 많은 고기에 대한 욕망은 상당히 보편적인 것으로 보인다. 예컨대 약 3억 2500만 년 전의 것으로 추정되는 인간 두개골을 조사한 결과, 초기 인류가 먹었던 음식 대부분이 육류였다고 한다(멜링거, 2002: 19). 사냥을 통한 고기의 조달과 육류 소비가 초기 인류의 중요한 생존방식이었다고 할 수 있다. 하지만 이후 인류가 정착하고, 농업에 종사하기 시작하면서 육류 소비는 크게 감소했던 것으로 보인다.

농경시대에 인구가 증가하면서 전체 식품 구성에서 고기가 차지하는 비중이 점차 감소하였다. 이는 매우 합리적인 계산의 결과라고 할 수 있다. 인간이 고기 소비로부터 얻은 이득이 가축 사육 및 사냥 비용에 비해 더 적어졌음을 의미하는 것이다. 즉 농업에 들어가는 노동력과 에너지 비용을 고려할 때, 곡물을 동물의 사료로 먹이는 것보다 사람이 바로 먹는 것이 더 효율적이라는 것이 '사회적' 판단이었다고 할 수 있다. 인구 증가와 함께 육류 소비량은 감소했으며, 대다수의 사회에서 고기는 귀한 음식으로 자리 잡게 되었다. 특히 소가 농업을 위한 핵심적인 생산수단으로서의 역할을 하게 되면서 쇠고기는 정말로 특별한 음식이 되었다.

산업자본주의의 발달에 따라 기계가 등장하면서, 생산수단으로서의 가축의 의미가 사라졌다. 또한 상품으로서의 고기를 소비하는 산업 노동자의 증가가 유럽에서 육류산업이 등장하는 계기가 되었다. 프랑스 혁명은 정치적으로 매우 중요한 사건이었을 뿐만 아니라 음식 소비의 민주화에도 중요한 계기가 되었다. 새롭게 등장한 근대적 주체로서의 시민들은 근대적 식품 즉 빵, 커피, 감자, 고기 등의 대중적 소비자가 되었다. 도시 시민계급의 성장과 소득 증가에 따른 식품 소비의 변화의 중심에 고기가 있었다.

산업자본주의가 본격적으로 발달함에 따라 서구사회에서 고기는 점차 대중적 식품으로 변화했다. 증가하는 육류 소비를 충족시키기 위해 대규모 가축을 전문적으로 사육하는 농가들이 생겨났다. 닭, 돼지, 소를 순전히 식용으로 생산하는 체계가 만들어지기 시작한 것이다. 본격적인 공장형 축산, 즉 '집중사육형 축산CAFO'이 완성된 것은 대략 1940년대 미국의 육계 생산을 통해서이다. 현재 미국의 농무성은 CAFO를 '대략 1,000마리의 소, 700마리의 젖소, 55파운드 이상의 돼지 2,500마리, 12만 5000마리의 육계(고기닭) 혹은 8만 2000마리의 산란닭을 연간 45일 이상 가두어 사료를 먹이는 방식'이라고 규정하고 있다. 가축을 좁은 공간에 가두고, 곡물을 중심으로 한 사료를 집중적으로 먹여서 최대한 체중을 불려 빠른 시간 안에 시장에 출하하는 방식이 CAFO의 핵심이다.

CAFO의 대표 격인 육계의 경우, 소수의 수직화된 육계기업이 종계(씨닭), 사료 등을 제공하고 닭을 사육하게 한다. 실제 농민은 육계기업이 요구하는 복잡한 기준에 맞추어 닭을 키우고, 일정한 시기에 납품하는 역할로 제한되는 경우가 많다. 닭을 좁은 공간에 기르다 보니 전염병이 발생하기 쉽고, 이를 방지하기 위해 항생제가 남용되기도

한다. 한국에서도 점차 CAFO와 유사한 형태로 닭고기가 생산되고
있다.

한국인의 고기 먹기

♦

큰 틀에서 보면 남한의 육류 소비 역시 서구의 그것과 유사한 증가
경향을 보인다. 소득이 증가하면서 더 많은 고기를 먹게 된 것이다. 하
지만 전통적인 한식이 가지고 있는 특성들에 의해 육류 소비의 양식과
내용이 다르다는 점도 분명히 할 필요가 있다. 즉 밥, 반찬, 국으로 이
루어진 전통적인 식단 속에서 고기는 여전히 반찬의 범위 안에 들어
있다고 할 수 있다. 다만 1980년대 중반 이후 회식 및 외식 문화가 발
달하게 되면서 고기를 중심에 둔 새로운 식단이 만들어졌다. 즉 고기
로 배를 채우고, 이후에 밥이나 면류로 식사를 마무리하는 음식 섭취
방식이 자리 잡게 된 것이다.

오늘날 한국인들에게 회식 메뉴로 제일 인기 있는 음식은 고기인
것 같다. 주머니 형편에 따라 그것이 생갈비가 되거나 삼겹살 혹은 불
고기가 될 수는 있어도, 고기가 가진 특별한 의미는 동일하다. 고기는
맛난 것, 귀한 것, 비싼 것으로 여겨지는 것이다. 최근 건강 때문에 채
식에 대한 관심이 높아지고, 고기의 유해성에 대한 언론 보도가 이어
진다. 그럼에도 불구하고 많은 한국인이 여전히 고기가 가진 특별한

〈표 5-1〉 한국인의 1인당 단백질 식품 소비량 변화 (kg)

	1965	1970	1975	1980	1985	1990	1995	2000	2005	2010	2015
육류	5.9	8.4	9.3	13.9	16.5	23.6	32.7	37.5	36.6	43.5	52.9
달걀	1.9	3.8	4.0	5.9	6.3	7.9	8.6	8.6	9.1	9.9	11.0
유제품	2.1	3.0	4.4	10.8	23.1	31.8	38.5	49.3	54.0	57.0	63.6

출처: 한국농촌경제연구원 「식품수급표」

의미를 놓지 않고 있다.

앞 장에서 살펴보았듯, 한국인들은 근대화와 경제발전 과정에서 곡물류 소비의 감소와 육류 소비의 증가를 경험했다. 구체적으로 1인당 육류 소비량은 2015년 52.9kg이었는데, 이는 1965년과 비교해 보면 9배 가까이 증가한 수치이다. 더불어 달걀, 유제품 등 다른 단백질 식품 소비의 증가도 눈에 띈다(《표 5-1》 참조).

전체 육류 소비량의 증가와 더불어 어떤 고기를 먹느냐 역시 흥미로운 점이다. 한국농촌경제연구원에 따르면 2016년을 기준으로 할 때, 한국인들이 가장 많이 섭취한 고기는 돼지고기, 닭고기, 쇠고기 순이었다. 각각의 1인당 연간 소비량은 22.5kg, 13.4kg, 10.9kg이었다. 압도적으로 돼지고기 소비량이 많다. 그런데 돼지고기를 가장 많이 먹는다고 해서 돼지고기를 가장 좋아하는 것은 아닌 것 같다. 일반적으로 쇠고기에 대한 선호, 특히 한우에 대한 선호가 매우 강한데, 가격이 너무 비싸 쇠고기를 많이 먹지 못한다. 그래서 정말 특별한 회식이 있을 경우, 한우를 먹자는 이야기가 나오는 것이다. 일반적으로 한국인들은 쇠고기를 가장 선호하지만, 쇠고기는 가격이 비싸기 때문에 대개 탕이나 국으로 많이 소비하였다. 예를 들면 갈비탕이나 설렁탕 같은 것들이다.

한국인들의 식습관은 1970년대 이후 본격화된 근대화 과정에서 빠르게 변화했다. 소득이 증가하면서 먹고 싶어도 비싸고 귀해서 못 먹

〈표 5-2〉 2018년 국가별 1인당 육류 소비량 (kg)

국가명	소	돼지	닭	총합계
미국	26.1	23.0	49.7	98.8
아르헨티나	39.9	10.8	38.2	88.9
브라질	24.5	12.3	39.8	76.6
칠레	18.7	19.0	36.5	74.2
유럽연합(EU)	10.8	35.5	23.6	69.9
캐나다	18.0	16.0	33.8	67.8
러시아	10.4	19.6	31.4	61.4
대한민국	10.9	30.1	18.0	59.0
멕시코	8.9	13.5	28.8	51.2
중국	3.8	30.4	11.6	45.8
일본	7.4	16.2	16.9	40.5
필리핀	3.1	14.9	13.0	31.0
이란	5.4	0.0	23.0	28.4
터키	8.5	0.0	19.3	27.8
태국	1.3	10.0	7.9	19.2
파키스탄	6.4	0.0	5.9	12.3
인도네시아	2.0	1.0	7.6	10.6
인도	0.5	0.2	2.4	3.1

출처: OECD Data

던 음식들을 맘껏 즐기기 시작했다. 조금 거칠게 표현하자면, 식탐이 현실화되어 갔다. 명절이나 제사 때 맛볼 수 있었던, 윤기가 자르르 흐르는 쌀밥과 감질나게 몇 점 얻어먹던 쇠고기가 그 식탐의 주 대상이었다. 쌀밥에 대한 욕망은 1980년대 초중반에 충족되었다. 이때 한국인들의 쌀 소비량은 140kg을 넘겨 정점을 찍는다. 쌀 생산량이 증가하고, 국민들의 소득이 증가하면서 하얀 쌀밥을 맘껏 먹게 되었다. 그리고 1980년대 중반 이후 가속화된 경제성장과 지속적이고 빠른 소득의 증가는 고기 수요의 증대로 이어졌다. 물론 고기 소비가 늘어난 원인이 단순히 경제적인 요소에만 있는 것은 아니었다. 중산층이라는 새로운 계층이 형성되고, 고기를 먹기 위한 외식문화가 만들어졌으며, 동료들과 일과가 끝난 뒤 함께 먹는 회식이 직장문화의 일부가 되었던 것이다.

한국에서 고기의 가격은 여전히 비싸다. 따라서 가처분 소득의 증가에도 불구하고 고기 소비는 비교적 완만하게 증가하게 된다. 그러나 꾸준히 증가했던 것도 사실이다. 〈표 5-2〉에 따르면 한국인의 고기 소비량은 미국, 아르헨티나, 브라질 같은 나라들에 비하면 상당히 적은 편이다. 미국은 1인당 육류 소비량이 98.8kg인 데 비해 한국은 59kg 정도이기 대분이다. 하지만 일본이나 중국에 비해서는 꽤 많은 고기를 먹고 있다.

육류에도 여러 종류가 있는데 그들 간의 가격 차이가 소비자의 선택

에 중요한 요인 가운데 하나이다. 쇠고기, 돼지고기, 닭고기는 가격에
있어 큰 차이를 보였으며, 각각의 소비량은 '소득', '가격', 그리고 '선호'
라는 적어도 세 가지 이상의 변수에 의해 결정된다. 한국인들이 가장
많이 먹는 고기는 돼지고기, 닭고기, 쇠고기 순이다. 쇠고기를 선호하
지만 가격 때문에 맘껏 먹지 못한다고 할 수 있다. 반면 돼지고기는 특
히 삼겹살을 중심으로 가장 대중적이고 인기 있는 외식용 고기로 자리
매김했다. 닭고기 소비의 증가 역시 두드러지는데, 닭고기는 소위 '치
킨'으로 변신하며 소비가 급증했다. 치킨은 맥주와 함께 즐기는 모임
용 고기로뿐 아니라 배달을 통한 야식으로 인기 품목이 되었다. 주말
저녁이나 주요 스포츠 게임이 있는 밤이면 배달 치킨은 엄청난 매출을
기록한다. 고기는 여전히 관계적 음식이며 잔치나 축제의 의미를 담고
있는 것이다.

쇠고기 짝사랑

불고기는 한국을 대표하는 음식 가운데 하나로 자리 잡았다. 하지만
지금 우리가 먹는 형태, 즉 쇠고기를 간장 양념에 재워 불에 직접 구워
먹는 형태의 음식이 과연 한국의 전통 요리인가에 대해서는 다양한 의
견이 존재한다. 불고기란 단어가 처음 실린 사전은 1950년 『큰사전』이
라고 한다. 이 사전은 불고기를 "숯불 옆에서 직접 구워 가면서 먹는 짐

승의 고기"라고 적고 있다. 이는 전통적인 방식의 너비아니와는 상당히 다르다. 너비아니는 '저미어 양념하여 구운 쇠고기'이므로 그 뜻에서 차이가 나고, 음식의 명칭도 한국어의 일반적인 용법과는 다르다.

음식 칼럼니스트 황교익은 '불(조리법)+고기(재료)'라는 작명법을 근거로 불고기는 한국의 전통음식이 아니라고 주장하여 여론의 비판을 산 바 있다. 황교익은 불고기가 처음 등장한 것이 1930년대 일제 강점기이며, 그 이름은 일본의 야키니쿠燒肉라는 음식의 한글 번역일 것으로 추정한다. 한편 조선 후기 '너비아니'가 현재의 '불고기'로 변화한 것으로 보는 입장도 있다. 석쇠에 굽는 너비아니가 석쇠 불고기가 되었다는 것이다. 이런 입장에서 보면 일본의 야키니쿠는 평양의 명물 석쇠 불고기가 전파된 것으로 볼 수 있다. 즉 재일 한국인들이 즐겨 먹었던 '호루몬 야키'가 야키니쿠의 효시라는 것이다.

어찌 되었든 우리가 아는 불고기는 해방 이후 한국의 도시인들이 음식점이라는 새로운 공간에서 쇠고기를 먹는 방식으로 진화했다. 쇠고기를 구워 먹는 일은 한국인들에게는 매우 드문 일이었다는 점에서 대중화된 불고기를 오랜 전통을 지닌 음식으로 볼 수는 없을 것 같다. 불고기는 1960~1970년대 초기 산업화 과정에서 도시인들의 특별한 음식으로 자리 잡았다. 오랜 역사를 지닌 한일관, 우래옥, 조선옥 등의 음식점이 불고기의 대중화를 맞아 전성기를 누린 것은 1970~1980년 대였다.

육수를 부은 양은불판 위에 고기와 채소를 구워 먹는 불고기는 입학

〈그림 5-1〉 육수 불고기

식이나 졸업식 날 부모가 자식들에게 도시 중산층의 정체성을 확인시키거나 혹은 모방하던 음식이었다. 지금도 많은 4050세대는 그때의 불고기를 추억한다. 불고기 혹은 육수 불고기는 강력한 양념과 함께 등장했다. 특히 20세기 초반 일본에서 양조간장에 설탕, 참기름, 깨소금, 후추, 파, 마늘, 배즙 등을 활용한 양념이 대중화되었는데, 이 양념을 중심으로 요리법이 발달했다. 불고기 양념의 핵심은 간장과 설탕이라고 할 수 있는데, 이는 매우 근대적인 식재료로서 1970년대의 불고기는 이러한 식재료가 대중화되면서 만들어진 음식이다.

쇠고기 요리의 또 다른 대표 메뉴로는 갈비구이가 있다. 갈비는 주로 수원 지역에서 많이 먹었다고 한다. 돈 있는 양반들이 많이 거주하였고, 물자가 풍부해서 큰 장이 서는 지역이었기 때문이다. 1945년 해방 직후 수원갈비의 원조 '화춘옥'이 문을 열었다. 더불어 1950~1960년대에는 저렴하고 대중적인 갈빗집들이 포천군 이동면 일대에 들어섰다. 본격적인 쇠갈비구이의 시대는 1980년대 이후 시작되었다. 서울 강남 개발과 더불어 갈비구이를 전문으로 판매하는 공원식 갈빗집, 즉 소위 '가든'들이 생겨났다. 애초 수원의 갈비는 소금으로 간을 한 것이었는데, 강남 지역으로 이동하면서 불고기와 유사한 간장 양념으로 변했다. 불고기와 마찬가지로 간장과 설탕을 중심으로 한 달짝지근한 맛이 된 것이다.

불고기나 갈비는 1990년대 들어 생고기에 밀리기 시작했다. 근육 안의 지방도를 의미하는 마블링이 잘된 쇠고기가 소비자들의 선택을 받

〈그림 5-2〉 호주 퀸즐랜드주의 비육장

게 되면서 값비싼 생고기 전문점들이 문을 열었다. 소의 등뼈에 붙은 고기로서 기름기가 많고 연한 등심, 갈비 안쪽에 붙어 연하고 부드러운 안심의 시대가 열린 것이다.

그런데 마블링은 지방이고, 건강에 좋지 않다. 그럼에도 불구하고 마블링은 고급 고기의 지표로 자리 잡았고, 한국과 일본의 소비자들은 특별히 마블링이 잘된 고기를 선호한다. 따라서 축산 농가들은 지방의 비율을 높이기 위해 소를 가두어 두고 곡물사료를 집중적으로 먹인다. 마블링을 좋은 고기의 기준으로 삼는 나라는 한국, 미국, 일본 정도이다. 유럽이나 호주의 소비자들은 풀을 먹여 지방 함량이 적은 쇠고기를 선호한다. 다만 한국과 일본의 소비자들이 마블링을 좋아하기 때문에 이 지역으로 수출하기 위한 소들에게는 비육 과정을 거친다.

대표적인 소 사육국가 중 하나인 호주의 생산 변화는 흥미롭다. 애초 호주의 목축은 드넓은 황무지 목장에 소를 풀어놓고, 스스로 살도록 하는 완전 방목 형태였다. 하지만 1990년대 중반부터 일본 시장을 겨냥한 수출이 중요해졌다. 이에 따라 소를 일정 공간에 가두고 비육하는 생산방식이 점차 확산되기 시작했다. 현재는 수출용 소의 절반 정도가 비육을 통해 생산되는데, 그 주요 시장은 한국과 일본이다. 호주축산협회Meat & Livestock Australia에 따르면 호주의 비육 두수는 1990년대 중반 40만 마리가 조금 넘던 것이 2010년에 이르면 약 80만 마리로 거의 두 배가량 증가했다. 한국과 일본 소비자들의 마블링이 잘된 비육우 선호가 호주의 생산방식까지 변화시킨 것이다. 소비자들이 어떤 음식을 먹는가가 식품체계를 변화시킬 수 있음을 보여 준다.

오늘날 한국인들의 쇠고기 수요는 국내 공급으로는 모두 충당하지 못하고 있다. 따라서 외국에서 전체 소비량의 절반 정도를 수입한다. 관세청 자료에 따르면, 2015년을 기준으로 할 때 한국의 쇠고기 수입액은 약 18억 달러이다. 그 가운데 호주가 53.6%, 미국이 41.3%, 그리고 뉴질랜드가 4.3%를 차지하고 있다.

돼지고기의 대중화

한국인들은 쇠고기를 좋아한다. 하지만 실제로는 돼지고기를 가장 많이 먹는데, 이는 무엇보다 가격 때문이라고 할 수 있다. 예전에는 돼지고기 역시 함부로 구워 먹을 수 있는 음식은 아니었다. 대신 돼지국밥이나 순대국밥 등 돼지고기를 효율적으로 활용한 음식이 발달했다. 최대한 많은 사람이 저렴하게 고기를 맛볼 수 있었기 때문에 돼지고기를 활용한 메뉴는 서민들이 즐겨 먹는 대중적 음식으로 자리 잡았다. 오늘날 '구이' 가운데 소위 가성비가 가장 높은 메뉴는 돼지고기라고 할 수 있는데, 돼지고기를 구워 먹는 요리법이 본격화된 것은 1970년대 후반부터이다. 삼겹살이 등장하기 시작했던 것이다.

한국인의 돼지고기 소비 증가는 국제무역의 역사와 무관하지 않다. 1970년대로 돌아가 보자. 당시 박정희 정부는 수출입국輸出立國, 즉 수출로 나라를 세운다는 목표 아래 한국 경제의 모든 자원을 총동원하고 있었다. 농축산업 부문에서도 예외가 아니었다. 돼지고기가 수출품으로 떠오른 것이다. 1971년 일본이 돼지고기 수입을 자유화하면서 한국산 돼지고기의 수출이 급증했다. 1972년 3,800톤의 돼지고기가 일본에 수출되었고 1976년에는 4,500톤 이상의 한국산 돼지고기가 일본 시장에 출하되었다(박정배, 2016).

그런데 이때 수출되고 남은 돼지 부위들이 있었다. 일본 소비자들이 먹지 않는 돼지고기 부산물들이 국내 소비자를 위한 식재료로 활용되었는데, 구체적으로는 머리, 내장, 다리, 뼈 등이다. 이런 부위를 활용한 음식들이 순댓국, 족발, 돼지국밥, 삶은 돼지머리 등이다. 1980년대 초에 들어서면서 일본으로의 돼지고기 수출은 더욱 증가하였는데, 삼겹살 부위는 일본에서 소비되지 않았다. 이에 따라 국내시장에서 삼겹살이 과잉 공급되었으며, 이를 활용하여 구워 먹는 조리법이 발달하였다. 이에 따라 삼겹살 구이가 한국 외식문화의 중심으로 떠오르게 된다. 최근에는 중국인 관광객이 가장 선호하는 한국음식으로 삼겹살이 꼽히기도 했다.

예전에는 삼겹살이 찜이나 전에 적합한 부위로 알려져 있었다(윤서석, 1985). 다만 1960~1970년대 구로동의 노동자들을 대상으로 하는 삼겹살 구잇집이 있었고, 삼겹살이 폐를 비롯한 호흡기에 좋다는 속설 때문에 광산 지역에서 많이 소비되었다는 이야기가 있다. 갑자기 시장에 등장한 값싼 삼겹살은 1980년대 중반 이후 소득 증가와 외식문화의 초기 단계에서 도시 근로자들의 회식 메뉴 1순위가 되었다.

일과 후에 직장 동료나 동창들의 모임에서 소주잔을 기울이며, 삼겹살을 굽는 것은 사회적으로 여러 가지 기능을 했다. 첫째, 기업이 강조하던 조직 공동체 이데올로기를 강화하고, 조직 정체성을 형성하는 데 기여했다. 일과 후에도 직장 상사와 부하들이 회식으로 삼겹살에 소주를 마시며 조직 충성도를 강화했던 것이다. 둘째, 고기에 대한 욕망을 비교적 저렴한 가격으로 충족시켰다. 기름기 있는 고기를 맘껏 먹으며 배를 채우기에 부담 없었던 것이 삼겹살이었다. 셋째, 삼겹살집은 급격한 정치경제적 격동기에 다양한 이슈들에 대해 구성원들이 이야기를 나누고, 애환을 달래기도 하는 사회적 사랑방의 역할을 했다. 1997년 IMF 외환위기와 경제위기를 겪으면서 삼겹살의 위상은 더욱 공고해졌다. 고기에 대한 욕망과 공동체적 정체성의 확인에 대한 욕구가 삼겹살 소비를 지속시켜 왔던 것이다.

그런데 삼겹살은 무엇인가? 어디에서 오는 것일까? 한 사전에 따르면 삼겹살은 "비계와 살이 세 겹으로 되어 있는 것처럼 보이는, 돼지의 갈비에 붙은 살"이다. 즉 돼지라고 하는 가축의 복부쪽 살인 것이다. 삼겹살, 즉 돼지의 특정 부위에 대한 선호는 돼지고기 수급에 있어서 독특한 구조를 만들어 냈다. 삼겹살은 공장에서 만들어 낼 수 있는 공산품이 아니다. 현대 축산업에서 가축은 좁은 공간에서 사료를 집중적으로 먹여 키우는 집중사육형 축산시설에 의해 길러진다. 이는 흔히 '공장형' 축산이라고 한다. 그럼에도 그곳은 공산품을 만드는 공장

〈표 5-3〉 2010~2016년의 돼지고기 부위별 수입 실적

품목	2010	2011	2012	2013	2014	2015	2016
삼겹살	107,223	155,424	136,217	98,183	141,943	148,395	148,746
목심	25,427	49,600	30,110	17,370	32,203	36,663	35,429
앞다리	39,628	122,220	100,388	64,308	88,545	146,234	122,185
갈비	4,793	10,655	5,805	3,500	7,141	7,065	4,450
기타	2,461	32,473	4,573	1,605	4,057	3,137	1,989
합계	179,532	370,372	277,093	184,966	273,889	341,494	312,799

자료: 검역실적

이 아니다. 돼지라는 생명을 지닌 동물을 길러 내는 곳이다. 그리고 삼겹살은 이 동물의 일부분인 것이다. 국내 소비자들은 유난히 삼겹살을 원하고, 이 수요를 충족시키기 위해서 돼지고기 사육방식도 새롭게 변화하고 있다. 즉 지방을 만들어 내기 위해 특별한 사료를 체계적으로 먹이는 '교차사료'방식을 활용하고 있다.

그럼에도 불구하고 한국인들의 삼겹살 사랑을 모두 채워 줄 수는 없어 많은 양의 삼겹살을 수입한다. 돼지의 다른 부위는 남아돌아도 삼겹살은 외국에서 들여오는 것이다(《표 5-3》 참조). 2010~2016년의 돼지고기 수입량을 살펴볼 때 소위 '국민 먹거리'인 삼겹살의 인기는 식지 않았다. 삼겹살과 더불어 앞다리와 목심이 총수입량의 대부분을 차지하였다. 한국인이 먹는 돼지고기는 전 세계에서 수입되고 있다. 중남미 지역은 물론 스페인, 덴마크, 아일랜드 등이 주요 공급국이다.

삼겹살은 한국인의 고기에 대한 욕망을 제대로 충족시켜 왔다. 값비싼 쇠고기 대신 배불리 먹을 수 있는 고기로서, 그중에서도 기름기가 많은 부위는 헛헛한 배를 채워 주었던 것 같다. 특히 1997년 IMF 외환위기를 겪으며 삼겹살과 소주는 서민들의 각별한 사랑을 받게 되었다. 2000년 이후 우리나라의 육류 소비량은 대체로 정체되는데, 삼겹살은 예외였다. 2000년대에 들어서 '냉장삼겹살'을 선호하게 되었고, 고기의 종류도 매우 다양해졌으며 돼지고기의 브랜드화가 이루어지기도 했다.

닭고기, 아니 치킨?

🍴

2015년 한국농촌경제연구원이 발간한 보고서에 따르면, 가정 및 외식 소비에서는 돼지고기가 1위를 차지한 반면, 배달 소비에서는 닭고기가 1위를 차지했다. 앞에서 살펴본 돼지고기가 주로 외식을 통해서 혹은 가정 내 조리를 통해서 소비되었다면, 닭고기는 배달이 중요한 것이다.

농림축산식품부에 따르면, 2014년 국내 닭고기 소비량은 63만 9000톤으로, 하루 평균 170만 마리에서 많게는 200만 마리가 소비됐다. 닭고기 소비량은 해마다 크게 늘어나 지난 2000년 6.9kg에 불과했던 1인당 소비량이 2010년에는 10.7kg으로 늘었다. 따라서 국내산 닭만으로는 부족해 외국에서 수입하고 있으며, 닭고기 수입량은 14만 1000톤으로 전체 국내 소비량의 22%를 차지했다. 수입된 닭고기 가운데는 브라질산 냉동육이 80% 정도로 가장 많고, 미국산과 동남아시아산이 일부 수입된다.

전통적인 농경사회에서 고기는 모두 귀한 음식이었지만, 그나마 닭고기는 일반인들이 접근할 수 있는 비교적 친숙한 육류였다. 복날 닭을 삶아 백숙으로 먹거나 사위가 왔을 때 씨암탉을 잡는다는 이야기 등은 닭고기의 위치를 가늠할 수 있게 해 준다. 여름이면 닭을 삶아 백숙으로 보양을 하는 문화는 그 역사가 비교적 길다. 하지만 인삼 가루를 넣고 끓인 '계삼탕'의 출발은 20세기에 들어와서인 것으로 알려져 있다. 계삼탕은 1960년대에 건강에 좋은 인삼을 더욱 부각시키기 위해 '삼계탕'으로 불리게 되었다. 비싼 인삼을 닭에 넣어 끓일 수 있었던 것은 인삼 생산량의 증가와 냉장고의 보급에 따른 인삼의 보관과 깊이 관련된다.

삼계탕이 인기 식품으로 자리 잡은 데는 개고기에 대한 사회적 인식의 변화도 큰 역할을 했다. 전통적으로 복날에는 개고기를 끓인 개장국 혹은 보신탕을 먹었지만, 근대화 과정에서 개고기 소비는 여러 가지 정책적 억압을 받았다. 특히 올림픽과 같은 국제행사가 열리면서 일부 외국 언론이나 동물보호단체의 비난에 밀려 개장국 소비는 점차 감소했다. 그 대신 보양식으로 각광을 받게 된 것이 삼계탕이다. 삼계탕은 대표적인 건강식이자 한국 전통음식으로 외국 관광객들에게도 널리 알려지게 되었다.

닭고기 소비방식의 가장 큰 변화로는 '치킨'의 부상을 들 수 있다. 한국에서 특별한 음식으로서의 치킨의 원조는 영양통닭이다. 1960년 명동에 문을 연 '영양센타'는 닭을 먹는 새로운 방법을 개발했다는 점에서 혁신적이었다. 서서히 성장하던 도시 중산층은 이제 월급날이면 닭고기로 영양을 보충할 수 있었던 것이다. 월급날이면 아버지가 사 들고 들어오던 누런 봉투 속 전기구이 통닭은 경제개발의 달콤한 열매를 상징하는 것이기도 했다. 그리고 1970~1980년대에는 군대 간 아들 면회에 빠질 수 없는 것이 또한 통닭이었다. 1980년대에 들어서면 치킨계에 새로운 강자가 등장한다. 미국의 켄터키프라이드치킨KFC이 국내

〈그림 5-3〉 명동 '영양센타'

에 진출한 것이다. 흥미로운 점은 그 이전에도 한국에 켄터키 치킨이 있었다는 점이다. 심지어 대단한 인기를 누리기까지 했다. 전기구이 통닭이 아니라 닭을 6등분해서 각종 양념을 더해 기름에 튀긴 치킨이, 정품 켄터키프라이드치킨이 공식적으로 서울에 상륙하기 전까지 전국 곳곳에서 유행했다.

1952년에 미국에서 시작된 켄터키프라이드치킨은 이후 독특한 양념을 더해 미국인들의 입맛을 사로잡았다. 1986년 펩시코에 인수되었고, 기름이나 튀김이 주는 건강에 대한 부정적 이미지를 약화시키기 위해 1991년 KFC로 그 브랜드명으로 바꿨다. 한국에서의 첫 매장은 1984년 종로에 생겼다. 이후 1996년 목동에 100호점이, 그리고 2000년에 서울대학교 근처에 200호점이 개점했다. 하지만 2000년대가 되자 KFC는 한국 시장에서 어려움을 겪었고, 다수의 점포가 문을 닫았다. 특히 IMF 금융위기 이후 부상한 애국주의와 직장에서 해고된 사람들의 치킨집 창업으로 인해 한국 KFC는 내리막길을 걸었다.

KFC가 한국 시장에서 고전한 데는 국내 치킨업체들과의 치열한 경쟁 및 소비 방식이 문제가 되었던 것으로 보인다. 첫째, 1991년 구미에서 시작된 교촌치킨, 1995년 문을 연 BBQ치킨 등이 급속하게 국내시장을 만들고, 점유했다. 단순한 튀김이 아니라 간장치킨이나 매운맛 치킨 등 한국인의 입맛에 맞는 다양한 메뉴를 개발하면서 KFC의 인지도와 맞섰다. 둘째, 국내 업체들의 또 다른 경쟁력은 배달에 있었다. KFC가 주로 매장에 와서 탄산음료와 함께 먹는 식사 대용이었다면, 국내 업체들은 간식이나 야식을 위한 배달을 위주로 하였다. 셋째, 치킨은 적어도 어른들에게는 맥주와 함께 먹는 음식이었다. 소위 '치맥의 시대'가 도래한 것이다(정은정, 2014). 넷째, 국내 업체들은 주요 고객층인 20~30대를 잡기 위해 다양한 가수, 배우, 모델 등을 광고에 활용했다. 유명 가수, 배우, 아이돌이 치킨 광고의 모델로 등장해서 한국인들에게 치킨을 권했다. 심지어 드라마 〈별에서 온 그대〉 덕분에 중국에까지 '치맥' 바람이 불고, 중국인들의 치맥 관광이 유행하기도 했다.

해마다 국내에서 도축되는 닭의 수는 약 8억 마리이다. 닭 사육 및 공급은 이제 하나의 거대한 산업이 되었다. 그리고 그 산업을 소수의 거대 기업들이 지배하고 있다. 하림이 대표적이다. 하림은 1978년 전라북도 익산의 '황등농장'이라는 종계사육장에서 시작되었다. 이후 1986년 하림식품이 설립되면서 본격적인 종합 육계기업으로 변신했다. 이후 부화장, 사료 공장, 도계장, 가공 공장 등으로 사업을 확장했다. 2001년에 하림그룹으로 재탄생하면서, 그 산하에 팬오션, 제일사료, 하림, 선진, 팜스코, NS홈쇼핑 등을 두었다. 하림그룹 홈페이지에 따르면 "곡물(해운)-사료-축산(가금, 양돈)-도축-가공-식품 제조-유통 판매 등 생태계 에너지가 시작되는 자연에서부터 고객의 식탁까지 이어지는 식품의 가치사슬을 통합·관리할 수 있도록 유기적으로 연결되어" 있으며, "닭고기 가공 부문, 브랜드 돈육 부문, 사료 제조 판매,

건화물 물동량 부문에서 국내 1위의 리더십을 확보하여 명실상부 대한민국을 대표하는 글로벌 푸드&애그리비즈니스 기업으로서의 입지를 확고히 했"다고 밝히고 있다.

국내 양계 농가의 90% 이상이 육계기업에 소속된 '계약농가'이다. 그리고 전체 계약농가의 50%가 하림에 소속되어 있다. 하림은 수직적으로 계열화된 기업의 전형이다. 즉 본사가 종계장을 통해 병아리를 공급하고, 생산 농가로 하여금 병아리에게 먹일 배합사료를 구입하게 한다. 그리고 닭 사육 과정에 필요한 약품과 기자재를 공급하고, 사육 관리를 담당한다. 그렇게 생산된 닭을 받아 대형 도계장에서 닭을 잡아 가공을 진행한다. 닭의 생애주기 전체를 하림과 같은 수직화된 육계기업이 통제하는 것이다.

이제 치킨은 한국인에게 가장 중요한 여가음식으로 자리 잡았다고 할 수 있다. 야구장에서, 집에서, 그리고 호프집에서 치킨을 먹는다. 지친 일상에서 치킨은 닭고기 이상의 문화적 의미를 가지게 되었다. 한 조각의 치킨에 많은 사회관계가 얽히어 있다. 회사에서 조기퇴직하고 치킨을 튀기는 아저씨, 양계장의 농민, 닭고기 가공장에서 하루 종일 칼질을 하는 근로자, 그리고 수직적 계열화를 통해 치킨산업을 지배하는 소수의 육계기업. 또한 공장형 가금 농장에서 하루 종일 사료를 먹고 살을 찌우는 수많은 닭들. 그들의 상호작용을 통해 오늘 우리는 치맥을 먹고 있다.

지속 불가능한 고기체계

🍴

고기에 대한 욕망은 꽤 뿌리가 깊다. 경제성장을 이룬 대부분의 국가들에서 육류 소비가 급격하게 증가한다. 고기는 에너지의 상징이기도 하고, 서구의 문화를 나타내기도 한다. 한국 역시 1980년대 이후의 경제발전과 더불어 육류 소비량이 급증했다. 반찬으로 먹는 것이 아니라 고기를 중심에 놓고 먹는 회식문화가 발달했던 것이다. 이제 고기는 우리 식탁의 중요한 한자리를 차지하게 되었다.

잊지 말아야 할 점은 고기는 공장에서 찍혀 나오는 상품이 아니라는 점이다. 쇠고기는 소에서, 돼지고기는 돼지에서, 그리고 닭고기는 닭이라는 동물에서 나오는, 즉 생명체의 일부이다. 그럼에도 불구하고 현대 육식문화는 대량생산의 공장형 축산을 추동했다. 동물은 고기를 위해 생산되는 도구로 전락했다. 그리고 고기를 생산하기 위해 일종의 공장에 가두어진 가축들은 산업형 농업을 통해 생산된 곡물사료를 먹이로 하여 사육되는 것이다. 따라서 고기에는 현대 농식품체계의 모든 철학과 기술, 그리고 모순이 집약되어 있다고 할 수 있다. 대량생산-대량소비형 고기 생산은 결코 지속될 수 없다. 고기에 대한 인간의 욕망은 지속 가능한 사육방식, 예컨대 완전한 방목이나 유기농 생산으로는 충족될 수 없다. 따라서 육식문화에 대한 근본적인 성찰이 요구된다.

이상의 일반 논의는 한국의 육류체계에도 물론 해당된다. 더 나아가 한국 농업의 구조적 특징을 고려할 때, 육류체계의 지속 불가능성은 더 크다고 할 수 있다. 고기의 대량생산과 대량소비는 곡물사료의 대량생산체계를 전제로 한다. 하지만 한국의 농업은 기본적으로 주곡과 하우스형 채소를 중심으로 구조화되어 있다. 그리고 이러한 농업 형태는 농민들의 소득원과 직결되어 있다. 결국 사료의 국내 공급은 산업적으로나 농지 형태로 보아 상당히 어렵다고 할 수 있으며, 이에 따라 사료를 대부분 수입하게 되는 것이다. 대두, 옥수수 등의 수입 의존도가 점점 높아지는 이유가 여기에 있으며, 이는 생태적으로 연결되어 있다. 대량의 육류를 소비하는 것은 국내적으로 집약형 축산에 의한 환경파괴와 외국 곡물의 장거리 수송이라는 문제를 낳게 되는 것이다. 그런 점에서 고기 소비는 환경파괴와 직결되며, 이런 모순을 해결할 뾰족한 방법은 없어 보인다. 적어도 한국에서는 '지속 가능한 고기 체계'는 가능하지 않은 것 같다.

○ 추천하는 책

윤덕노, 2014, 『음식으로 읽는 한국 생활사』, 깊은나무.
정은정, 2014, 『대한민국 치킨전』, 따비.

6장

발전과 설탕의 딜레마

단맛에 대한 선호는 매우 보편적인 것으로 보인다. 인간을 포함한 근대 영장류들은 진화 과정에서 당과 연관된 화학물질을 탐지하는 감각기관을 발전시켜 왔다고 한다. 단맛은 높은 열량의 중요한 지표이고, 자연 상태에서 생존률을 높이기 때문에 대부분의 동물들이 선호한다. 꿀은 인간이 자연에서 얻을 수 있는 최상의 단것이었지만, 문제는 희소하다는 점이다. 역사적으로 보면 단맛을 내는 음식은 귀한 것으로서 상류층에서만 향유하거나 약으로 사용되는 경우가 많았다.

단맛이 대중화, 일반화된 것은 설탕이 대량으로 생산되기 시작하면서부터이다. 사탕수수나 사탕무에서 추출된 설탕은 비교적 저렴한 가격으로 높은 당도를 내는 물질이다. 설탕의 대량생산은 제국주의의 발전과 깊이 관련된다. 유럽의 제국주의가 식민지를 개척하면서, 특히 서인도제도에서 강제 노동을 활용하여 사탕수수를 대량으로 생산하면서 설탕의 대량생산 및 공급이 가능해졌다. 아프리카에서 수입된 노예 노동이 노동집약적인 설탕 생산에 활용된 것이다. 설탕이 대량으로 유럽에 공급되면서 설탕 가격이 저렴해지자 귀족들의 전유물이던 설탕은 중산층, 그리고 더 나아가 노동자들의 식품이 되었다.

영국은 이 과정에서 핵심적인 국가였다. 아프리카 노예를 서인도제도로 수송하고, 노예 노동을 활용하여 설탕을 생산한 뒤 유럽에 공급하고, 이어 유럽의 노동자들을 활용해서 생산된 완제품을 아프리카로 수출하는 삼각무역의 중심에 있었다. 이 과정에서 영국의 노동자들은 값싼 설탕을 통해 저렴하게 열량을 공급받으며 장시간의 노동을 견뎌 낼 수 있었다. 잼이나 설탕을 듬뿍 넣은 홍차는 노동자들의 값싼 식사가 되었던 것이다.

설탕sugar은 보통 사탕수수나 사탕무에서 추출된 당즙을 걸러 낸 자당蔗糖, sucrose을 의미한다. 영양학적으로는 식품 속에 함유된 단당류인 포도당, 과당, 갈락토스와 이당류인 서당, 유당, 맥아당 함량을 합한 것을 설탕이라고 표현하기도 한다(김선희·정혜경, 2007). 설탕은 영양소는 없이 열량만 내는 성분으로, 많이 섭취하게 되면 영양 불균형과 비만의 원인이 된다. 따라서 설탕 소비의 증가는 현대인들의 건강을 위협하기도 한다. 특히 최근에는 가공식품이나 탄산음료에 많이 사용되는 액상 과당(고과당 옥수수 시럽)이 비만, 당뇨병, 치아 질환, 과잉행동장애의 원인으로 지목되고 있다.

이 장에서는 현대 식품의 중요한 식재료로 자리 잡은 넓은 의미의 설탕에 대해 살펴본다. 설탕 소비, 역사, 그리고 한국의 설탕 관련 쟁점들에 대해 논의할 것이다.

설탕, 얼마나 먹을까?
🍴

일반적으로 설탕 소비는 국민소득이 증가하면 함께 늘어난다. 유로모니터Euromonitor International에 따르면, 세계에서 설탕을 가장 많이 소비하는 나라는 미국으로, 1인당 1일 소비량이 126.4g에 달했다(〈그림 6-1〉 참조). 그 뒤를 독일, 네덜란드, 아일랜드, 호주, 벨기에, 영국 등이 따르고 있다. 일반적으로 유럽 국가들의 설탕 소비량이 아시아 국가들의 그것에 비해 훨씬 많다. 아시아에서는 일본, 홍콩, 말레이시아, 싱가포르, 한국 순이다. 근대화가 되고, 경제발전이 이루어지면서 한국을 비롯한 아시아 국가들의 설탕 소비량도 과거에 비해서는 크게 증가했지만, 유럽 국가들과는 조금 다른 양상을 보인다.

한국인의 설탕 소비 역시 1960년대 이후 급격하게 증가했다. 1965년 1인당 설탕 소비량은 1.3kg이었는데, 1980년에는 10.3kg, 1990년에는 15.3kg, 그리고 2010년에는 22.7kg으로 증가했다. 최근에는 주춤하는 경향을 보인다.

〈그림 6-1〉 국가별 1인당 1일 설탕 소비량

미국	126.4g
독일	102.9g
네덜란드	102.5g
아일랜드	96.7g
호주	95.6g
벨기에	95.0g
영국	93.2g

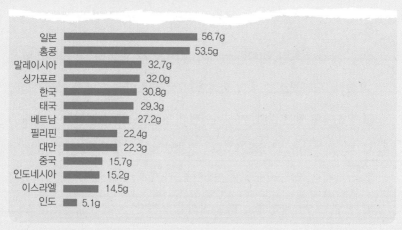

일본	56.7g
홍콩	53.5g
말레이시아	32.7g
싱가포르	32.0g
한국	30.8g
태국	29.3g
베트남	27.2g
필리핀	22.4g
대만	22.3g
중국	15.7g
인도네시아	15.2g
이스라엘	14.5g
인도	5.1g

출처: 유로모니터(2015년 자료)

〈표 6-1〉 한국인의 연간 1인당 설탕 소비량 변화 (kg)

1965	1970	1975	1980	1985	1990	1995	2000	2005	2010	2015
1.3	6.3	5.2	10.3	11.7	15.3	17.8	17.9	21.2	22.7	22.4

출처: 한국농촌경제연구원 「식품수급표」

한국인의 설탕 소비 증가는 몇 가지 식문화의 변화와 깊이 관련된다. 첫째, 식문화가 서구화됨에 따라 설탕이 많이 들어간 음식의 소비가 증가했다. 빵이나 케이크, 햄버거나 피자와 탄산음료 등은 각종 당류의 섭취량을 증가시켰다. 둘째, 먹거리 전체에서 식사가 차지하는 비중이 줄어들었다. 밥을 먹지 않거나 적게 먹고, 간식을 많이 먹게 된 것이다. 셋째, 가공식품 소비의 증가이다. 현대 한국인들은 과자, 음료, 빙과류 같은 가공식품을 과거보다 훨씬 많이 섭취하고 있다. 넷째, 음식을 먹는 공간이 가정에서 직장이나 학교, 혹은 카페 등으로 옮겨졌다. 따라서 간편한 먹거리를 구매해서 먹게 되는데, 이때 설탕을 포함한 식품첨가물이 많이 활용되는 것이다.

이러한 네 가지 요인은 특히 초등학생이나 청소년들에게 더욱 강력하게 작용한다. 그 결과 청소년들의 가공식품 및 패스트푸드 섭취량이 많아지고, 이는 비만이나 당뇨로 이어지고 있다. 이에 따른 사회경제적 비용은 엄청나다.

가공식품을 통한 당 섭취량은 어느 정도일까? 우선 한국인들의 전체 영양 공급량 중에서 설탕이 차지하는 비중은 꾸준히 증가했다. 1인당 1일 영양 공급량 중 당류의 구성비는 1972년 2.6%에서 2014년에는 15.6%까지 증가했다. 〈표 6-2〉를 보면, 2014년을 기준으로 할 때 한국인의 하루 당 소비량은 76g인데 그 가운데 58.9%인 44.8g을 가공식품을 통해 섭취하고 있었다. 설탕을 직접 먹기보다는 음료, 과자, 빵 등

<표 6-2> 한국인의 당류 일일 섭취량

		당류 일일 섭취량(g)	1일 열량 대비 비율(%)	가공식품을 통한 당류 일일 섭취량(g)
2010		70.0	14.0	42.1
2011		68.1	13.8	42.0
2012		68.1	14.0	44.7
2013		72.1	14.7	44.7
2014		76.0	15.6	44.8
평균	남	80.0	14.0	50.1
	여	72.0	17.0	39.6

출처: 식품의약품안전처 식생활영양안전정책과

에 재료로 들어간 설탕을 의식하지 못하는 사이에 섭취하는 것이다. 이들 음식은 모두 산업적 공정을 거친 것이며, 식사와는 무관하다고 할 수 있다. 2010년 이후 가공식품을 통한 당 섭취량은 꾸준히 증가해 왔다. 남성이 여성에 비해 당 섭취량이 약간 많았지만, 1일 열량에 대비해서는 여성의 당 소비가 더 많았다. 반면 여성보다 남성이 가공식품을 통한 당 섭취가 더 많았다.

식품의약품안전처 자료에 따르면 전체 가공식품 가운데 당 섭취 비중이 가장 큰 식품은 음료류로서 31.4%에 달했고, 빵·과자·떡류가 13.6%로 그 뒤를 쫓고 있다. 음료류를 통한 당류 섭취가 큰 비중을 차지하고 있는데, 구체적으로 어떤 음료가 문제인지를 살펴보자. 〈표 6-3〉에서 알 수 있듯, 탄산음료와 커피가 가장 중요한 당 섭취 음료였다. 전체 당 섭취 음료 가운데 탄산음료가 차지하는 비중이 40%였고, 커피는 20% 정도였다.

연령대별로 보면, 몇 가지 흥미로운 사실이 발견된다. 첫째, 6~11세, 12~18세, 19~29세의 경우 탄산음료가 당 섭취의 주요 경로로, 각각 48.5%, 59.4%, 54.8%의 당류가 탄산음료를 통해 섭취되었다. 둘째, 30세 이상의 경우 커피가 매우 중요한 당 섭취 음료로 나타났다. 특히 50~64세 집단의 경우 전체 당 섭취의 38.1%가 커피를 통해 이뤄졌다. 셋째, 모든 연령에서 과일·채소음료와 같은 주스류를 통한 당 섭취량이 적지 않았다. 일반적으로 주스류를 건강음료로 생각하는데, 설탕량을 고려하면 이러한 생각에는 재검토가 필요하다.

<표 6-3> 음료수를 통한 당 소비 분포

연령 (세)	총계 (g)	탄산음료		커피		두유류 등 기타 음료		과일 · 채소 음료		다류	
		섭취량 (g)	비율 (%)	섭취량 (g)	비율 (%)	섭취량 (g)	비율 (%)	섭취량 (g)	비율 (%)	섭취량 (g)	비율 (%)
전체	13.5	5.4	40.0	2.8	20.7	1.3	9.6	3.4	25.2	0.6	4.4
6~11	13.2	6.4	48.5			1.0	7.6	5.4	40.8	0.4	3.0
12~18	21.9	13.0	59.4	0.1	0.5	2.0	9.1	6.6	30.1	0.2	0.9
19~29	20.0	12.5	54.8	2.4	12.0	1.8	9.0	3.1	15.5	0.2	1.0
30~49	14.1	4.8	34.0	4.1	29.1	1.1	7.8	3.1	22.0	1.0	7.1
50~64	9.7	1.4	14.4	3.7	38.1	1.2	12.4	2.8	28.9	0.6	6.2
65 이상	6.7	0.8	11.9	2.4	35.8	1.2	17.9	2.0	29.9	0.3	4.5

출처: 식품의약품안전처 식생활영양안전정책과(2014년 자료)

사람들은 가공식품에 얼마나 많은 당류가 들어갔는지 잘 모르거나 크게 신경을 쓰지 않는다. 특히 커피나 주스류에 대해서는 더더욱 설탕 등의 당분이 포함되었는지 알지 못한다. 주스나 두유 등의 음료는 건강이나 자연을 표방하는 경우가 많기 때문에 더욱 문제시될 수 있다. 건강한 음료를 마신다는 생각으로 과일주스를 마시는데, 실제로는 설탕물을 마시는 결과를 낳는 것이다.

설탕과 자본주의

🍴

인류학자 시드니 민츠는 명저 『설탕과 권력』에서 정제된 설탕은 현대 산업사회의 상징이라고 지적한 바 있다. 산업화의 흐름 속에서 전통적인 당은 정제된 백설탕으로, 집에서 만든 간식거리는 공장에서 생산된 과자와 사탕으로, 전통적인 음료는 코카콜라로 변화하였다. 그리고 이것이 진보와 발전의 표상으로 이해되는 세상에 우리는 살고 있는 것이다.

민츠는 자본주의의 발전 과정, 식민지의 계급관계 변화 및 노예제, 유럽의 음식 소비 변화 등을 설탕이라는 식품을 통해 입체적으로 그려 내고 있다. 우선, 설탕을 대량으로 생산하기 위해 카리브해 지역에서 사탕수수가 집약적으로 재배 및 가공된다. 민츠에 따르면 16세기 시작된 카리브해의 사탕수수 농장은 노동집약적이고, 노예 노동을 활용한 것이었지만 그 이전의 그것과는 달리 매우 큰 규모의 산업적 농장이었다. 유럽이 만들어 낸 이 농장은 설탕을 대량으로 생산하기 위한 조직적 혁신이었다.

사탕수수를 재배하고, 베어 낸 뒤 갈아서 고체화시키는 작업은 전통적인 농업과는 달랐다. 수확 후 가공이 신속히 이루어져야 하므로 노동력의 조직화와 효율적 관리가 중요했다. 또한 열을 통제하여 고체화시키는 기술이 필요했다. 이러한 특징을 가진 대규모 사탕수수 농장을 민츠는 "농경지와 공장이 결합된 농공단지"라고 표현했다. 처음 아이티에서 시작된 사탕수수 재배는 이후 쿠바, 자메이카, 페루, 브라질 등 중남미 일대로 확산되었다. 17세기에 들어서면 설탕 생산업은 세계에서 가장 큰 산업이 되었다. 어마어마한 양의 설탕이 중남미에서 생산되어, 유럽으로 수출되었다.

17세기 중반이 되면 영국을 비롯한 여러 유럽 국가에서 설탕은 희귀품이 아니라 일상적 필수품으로 자리 잡기 시작한다. 설탕의 대중화에 따라 점차 서민과 노동자들도 설탕 소비자로 전환되었다. 1850년 이전에는 부자들이 설탕을 많이 소비했지만, 1850년 이후에는 가난한 자들이 설탕을 더 많이 소비하게 되었다고 한다. 1900년경 영국인이 섭취하는 칼로리의 20% 정도가 설탕을 통해 공급되었다. 과일잼, 푸딩, 설탕을 듬뿍 넣은 차, 달콤한 과자와 파이, 달달한 포트와인 등이 설탕을 맘껏 활용한 영국의 음식이었다.

"잼은 중요한 식품이 되었고, 특히 노동자들에게는 그랬다. 자유무역은 이 시기에 잼 공장들의 발생과 번영을 가능하도록 했다. 설탕 관세의 폐지로 설탕값이 내리고 설탕이 풍족해지면서, 잼은 실제 무게의 거의 50 내지 60%가 설탕으로 이뤄지게 되었다. … 잼 공장이나 설탕절임 공장들에서 생산하는 대부분의 물품들은 가정에서 소비되었다. … 도시의 노동 계급들은 … 잼의 형태로 과일을 많이 소비하였다." (시드니 민츠, 『설탕과 권력』, 248쪽)

유럽을 중심으로 하는 자본주의 세계체계의 한 축을 설탕산업이 형성했다고 할 수 있다. 중심부 노동 계급의 형성과 재생산을 위한 중요한 열량 음식으로 설탕이 그 역할을 했다. 또한 유럽의 자본이 주변부 지역에 진출하여 그들을 세계체계 내로 포섭하는 과정에서도 설탕은 큰 역할을 했다.

특히 설탕은 아프리카로부터의 노예 수입, 노예를 활용한 설탕 생산과 수출, 그리고 설탕을 먹은 유럽 노동 계급이 생산한 완성품을 다시 아프리카로 수출하는 삼각무역에서 한 축을 담당했다. 설탕 대중화의 역사에는 이러한 거시적 변화와 더불어 슬픈 노예 노동이 존재했던 것이다.

한국의 단것 소비

🍴

동아시아 지역에서 설탕이 단맛의 주요 공급원이 된 것은 20세기 이후이다. 꿀은 가장 당도가 높은 단것이긴 하지만 생산량이 대단히 적어 대중적인 식품은 아니었다. 건강을 위해서 혹은 특별한 경우에 약으로 쓰였던 것이다. 저렴한 단맛으로는 찹쌀이나 멥쌀 혹은 조 등 곡물에 엿기름을 섞어 당화시킨 조청이나 갱엿 등이 서민들의 사랑을 받았다. 특히 식혀도 굳지 않는 조청은 대표적인 전통 감미료라고 할 수 있다.

우리나라에는 일제시대에 설탕이 들어오게 되는데, 이는 일본의 동남아 식민지로부터의 설탕 재배 및 제당산업의 발전과 깊이 관련된다. 특히 일본의 소비시장이 팽창하여 제과산업, 빙과산업, 식품산업 등이 발달하면서 설탕의 소비가 급증했다. 예컨대 1899년에 창립된 모리나가 제과森永製菓株式会社나 1916년에 만들어진 메이지 제과明治製菓株式会社 등은 20세기 초중반 일본 제과산업의 대표 주자였고, 조선으로도 진출했다. 일제 식민지 시기 동안 한반도에서도 제과산업과 빙과산업이 발달했고, 이는 설탕 소비의 증가로 이어졌다. 소위 '아이스케키'라고 불리는 얼음과자가 널리 퍼졌다. 1930년대 소형 동력기를 이용해서 만든 1전짜리 아이스케키가 등장하며 설탕 수요가 급증했던 것이다. 제과업과 빙과업이 성장하며 한국인들의 설탕 소비도 증가하였다.

하지만 설탕 소비가 본격적으로 대중화된 것은 1950년대 이후이다.

〈그림 6-2〉 아이스케키 통

출처: 국립민속박물관

6·25 이후 미국으로부터의 원조 프로그램을 통해 밀가루, 면화, 그리고 원당이 수입되기 시작한 것이다. 소위 삼백산업三白産業이 시작되고, 이는 관련 산업 및 기업 성장의 발판이 되었다. 미국의 원조 프로그램을 통해 원당이 수입되면서 한국의 제당산업이 출범하였다. 1953년 제일제당이 국내 최초로 1일 생산량 25톤 규모의 제당공장을 건설하였다. 이어 1954년에 동양제당과 한국정당이, 그리고 1955년 삼양사가 제당공장을 건설하면서 본격적으로 제당산업 발전이 시작되었다. 여러 개의 제당기업이 설립되었으나, 치열한 경쟁 끝에 1960년대 들어 제일제당, 삼양사, 대동제당(현 대한제당) 등 3개사만 남게 되었다. 이들 3개사는 담합을 통해 제일제당 49.2%, 삼양사 32.8%, 대한제당 18%로 시장 점유율을 고정시키고, 1970년대까지 비교적 빠르게 성장했다.

그러던 중 1984년 설탕 전쟁이 벌어졌다. 대한제당이 18%가 너무 낮으니 점유율을 올려 달라고 요구했던 것이다. 당연히 제일제당과 삼양사는 반대했다. 그러자 대한제당은 담합된 물량 이상을 출고했고 설탕의 시장가격이 급락했다. 제일제당은 일시적으로 큰 적자를 보았다. 몇 달간 실랑이와 협상이 이어진 끝에 제일제당이 1.1%, 삼양사가 0.4%를 양보하기로 합의했다. 이후 이들은 담합을 지속했다. 3사는 CJ제일제당 48.1%, 삼양사 32.4%, 대한제당 19.5%로 내수시장 물량 반출 규모를 정했다.

국내의 설탕 시장이 독과점을 유지할 수 있었던 근본적인 이유는 정부의 과보호, 특히 관세 정책 때문이다. 현재 우리나라 설탕 수입 관세의 기본 세율은 30%다. 높은 관세로 수입이 차단된 내수시장에서 제당 3사는 관세가 3%에 불과한 설탕 원료인 원당을 들여와 정제해 팔았고, 담합으로 폭리를 취해 왔다. 제당산업계는 제일제당, 삼양사, 대한제당의 3개사에 의해 완전히 장악되어 시장집중도^{CR3}가 100%이다. 현재까지도 한국의 제당산업은 이들 3개 업체에 의해 독점적으로 지배되고 있다.

설탕 소비의 증가는 '쌀 소비 억제'와 '밀 소비 증진'이라는 1950년대 이후 국가의 식량 정책과 밀접하게 관련된다. 예컨대 1957년 『국민학교 실과 5』 교과서에 식빵의 요리법이 등장했다. 식빵 만드는 법은 밥 대신 밀가루 소비를 권장하는 정부의 절미 정책을 반영한 것이었다. 이에 따라 교과서뿐 아니라 보건사회부에서도 일반인을 대상으로 빵 강습회를 개최하기도 했다. 빵은 기본적으로 설탕을 사용하는 식품이었다. 새로운 근대적 식품의 도입은 원조로 제공된 밀과 설탕의 결합을 낳았던 것이다. 특히 도시에서 진행된 생활개선운동은 분식을 강조했는데, 흥미롭게도 국수가 아니라 빵, 비스킷, 샌드위치 등을 권장했다. 근대적인 여성 잡지인 《여원》에서 1962년에 추천한 식단 가운데는 아침으로 토스트, 버터나 잼, 우유, 스크램블드에그 등이 등장한다. 미디어에 의한 미국식 아침 혹은 근대적 식단의 형성을 엿볼 수 있다. 이런 식으로 미디어는 서구인들의 식단이 간편하고, 경제적이며, 영양가 있는 식단이라는 메시지를 확산시켰다.

설탕 소비 확대의 또 다른 길은 정부 주도나 도시 중산층이 아니라 일반 대중들의 설탕 활용을 통해 진행되었다. 이를 이은희(2018)는 "전통을 새롭게 해석해서 전통 음식과 잘 어울리게 하는 요리법"이라고 표현했는데, 특히 전통적인 매운맛을 설탕과 조합시키는 방식이 눈에 띈다. 그 대표적인 예가 떡볶이이다. 1950년대 이전까지 떡볶이는 가래떡에 채소와 고기를 넣어 간장으로 양념을 한 음식이었는데, 간장 대신 고추장이 들어가고 매운맛을 중화시키기 위해 설탕이 추가되었다. 이후로는 이렇듯 소위 매콤달콤한 음식이 새로운 한국인의 맛으로 떠오르게 되었는데, 낙지볶음이나 제육볶음 같은 음식들이 해당된다. 매운맛에 설탕의 단맛이 함께 곁들여지며 '한국인의 맛'이 되었던 것이다.

설탕의 한국적 활용은 값싼 설탕이 공급되었기에 가능했던 일이다. 설탕의 대량생산이 가능해지면서 가정에서 설탕은 상용 조미료가 되었다. 1980년대 중반까지 가정에서의 설탕 소비는 급격하게 증가했다. 불고기나 갈비의 경우 간장과 설탕에 재우는데, 그 비율은 1 대 1이 일반적이다. 하지만 한국인의 입맛이 점점 더 단것을 선호하게 되면서 설탕류를 더 많이 넣고 있다. 설탕을 포함하여 하얀색을 띤 음식이 건강에 좋지 않다는 이야기가 확산되면서 가정용 소비는 줄었는데, 대신 가공식품을 통한 숨겨진 소비는 꾸준히 증가해 왔다.

설탕체계의 형성과 변화

🍴

일제 강점기에 유일한 제당 공장은 평양에 있었다. 따라서 해방이
되자 남한은 미국의 설탕 공급체제 속으로 편입되었다. 새로운 체제
속에서 식품산업이 발달하고, 설탕에 대한 수요가 증가했는데 이승만
정부는 1953년 경제 재건을 추진하면서 수입대체화를 통해 물가 안정
을 꾀하고 설탕 문명화 담론에 입각하여 식생활을 향상하려는 목적을
가지고 제당업을 육성하였다. 설탕이 커피와 결합한 것도 설탕 소비
증대에 크게 기여했다. 1950년대 이후 미국 대중문화의 확산 속에 기
호식품으로 급부상한 커피는 설탕의 소비를 증가시켰다. 대한민국 전
국에 산재해 있던 다방에서는 커피가루 두 스푼, 설탕 세 스푼, 크림가
루 세 스푼의 황금비율이 존재했다. 커피보다 설탕이나 크림을 더 많
이 넣어 먹었던 것이다. 또한 과자와 빙과류가 대중화되면서 제당산업
은 비약적으로 발전했다. 하지만 1980년대부터 쌀밥, 밀가루, 설탕 등
흰색을 띠는 식품이 건강에 좋지 않다는 '삼백식품 유해론'이 등장하면
서 설탕 수요가 정체되었다. 1990년대부터는 액상과당이나 올리고당
등의 감미료 소비가 증가해 왔다.

한국에서 현대적인 식품산업은 한국전쟁 이후 경제 재건 과정 속에
서 출발했다. 무엇보다 미국의 식량원조를 통해 공급된 밀가루와 설
탕이 그 기반이 되었다. 이 시기 원조 농산물을 독점하여, 초기 제조업
을 시작한 기업들은 탄탄대로를 걷게 된다. 예를 들면 삼성의 모태가

된 제일제당은 원조로 들어온 원당을 설탕으로 가공하여 급격하게 성장하였다. 1953년 8월 제일제당공업주식회사가 설립되었고 같은 해 11월부터 본격적으로 제당사업을 시작해 1962년부터는 설탕을 해외로 수출하기 시작했다. 제일제당은 1958년 제분사업, 1963년 화학조미료사업, 1973년 사료사업, 1979년 식용유사업, 그리고 1980년에 육가공사업에 뛰어들면서 종합식품회사로 성장할 수 있었다.

1950년대 후반 들어 미국의 무상원조가 감소하면서 제당 및 제분사업은 위기를 맞기도 했다. 이에 따라 제당·제분기업들은 사업을 다각화하여 제과, 제빵, 라면, 전분, 조미료, 첨가물, 청량음료 등을 대상으로 하는 본격적인 제조업에 참여하기 시작했다. 삼립식품, 동양(오리온), 해태, 칠성, 롯데, 농심 등이 1950년대 말~1960년대 초 식품제조기업으로 등장했던 것이다. 1960년대 중반부터 대도시의 중산층을 중심으로 서구식 가공식품에 대한 수요가 생겨나고, 이에 부응하는 식품산업이 발전했다.

1970년대 초에 이르면 식품산업이 더욱 팽창하고, 다양화하였다. 특히 외국 자본과의 합작을 통한 성장을 도모하였는데, 가장 대표적인 것이 소위 '다방 커피(커피믹스)'의 개척자인 동서식품이다. 또 다른 사례로는 일본야쿠르트와의 합작을 통해 국내시장을 파고든 한국야쿠르트가 있다. 또한 기존의 제빵, 제과, 청량음료, 라면류가 꾸준히 성장함과 더불어 빙과류, 유가공, 육가공, 식용유, 과채가공 등의 식품제조업이 발달했다. 이 시기의 대표적인 제품으로 초코파이, 부라보콘 등

〈그림 6-3〉 설탕의 변신 - 파이 과자와 아이스크림

을 꼽을 수 있다. 1970년대 중반부터 가공식품 시장이 급성장하는데, 연평균 15% 정도의 고성장이 이루어졌다. 1980년대 초가 되면 식품산업에는 몇 개의 대기업들에 의한 독과점구조가 만들어진다. 4000억 규모의 청량음료 시장은 3~4개 기업이, 제과 시장은 4개 기업이, 그리고 2000억 규모의 라면 시장은 2개 기업이 전체 시장의 90% 이상을 점유하게 되었다.

1990년대에 들어서면 전통적인 제과, 제빵, 음료 부문은 시장이 포화 상태에 접어든다. 설탕, 백미, 소금, 밀가루 등 백색 식품이 건강에 유해하다는 보도가 확산되면서 제당산업 및 설탕 관련 산업은 어려움을 겪기도 했다. 이에 따라 설탕을 대체할 감미료로서 올리고당이 출시되었고, 건강을 표어로 내건 식이섬유음료나 일부 과자류 역시 올리고당을 사용하기 시작했다. 2000년대에 들어서면서 올리고당 같은 저열량 기능성 감미료가 더욱 부각되었다. 이에 따라 올리고당 시장이 급성장하였는데, 특히 CJ제일제당과 대상 청정원의 시장 지배가 두드러졌다.

1990년대 중반 이후 식품기업들은 주식 부문과 육가공 부문으로 사업을 다각화하였다. 즉석밥, 돈가스, 간편 가공식 등으로 상품을 다양화했다. 또한 단체급식, 편의점, 대형 마트 등의 유통·요식사업 쪽으로 사업의 폭을 넓혀 갔다. CJ푸드시스템, 신세계푸드, 삼성에버랜드 등 재벌그룹의 계열사들이 식품산업 내 전후방 관련 사업으로 그 영역을 넓혀 갔던 것이다.

〈그림 6-4〉 디저트 카페

2000년대에 들어오면서 성장한 커피 전문점 및 커피·디저트 카페는 전체 식품산업의 입장에서도 매우 커다란 변화였다. 스타벅스로 시작된 한국의 커피 붐은 카페베네, 커피빈, 이디야 등의 커피 전문점의 급속한 팽창으로 이어졌다. 이어서 설빙과 같은 보다 다양한 디저트 전문점들이 늘어나고 있다. 커피 전문점이나 디저트 카페에서의 설탕 및 당류 소비량도 엄청날 것으로 추정된다.

○ 추천하는 책

시드니 민츠(김문호 역), 1998, 『설탕과 권력』, 지호.
이은희, 2018, 『설탕, 근대의 혁명』, 지식산업사.

7장

식품과 건강

우리는 과학기술의 시대에 살고 있다. 언론에서는 4차 산업혁명을 이야기하고, 인공지능과 사물인터넷 기술이 일상을 바꿔 가고 있다. 새로운 낙원이 도래하고 있는 것일까? 과학기술의 발달을 기반으로 한 미래사회에 대하여 낙관론이 펼쳐짐에도 불구하고, 적지 않은 전문가와 시민들은 다양한 위험에 경계심을 나타내고 있다. 경제발전과 산업화가 오히려 위험을 심화시키는 역설에 대하여 우려하고 있는 것이다. 식품과 관련해서도 다양한 논의와 우려가 있다. 각종 편의식품, 기능성 식품의 시장이 폭발적으로 팽창하고 있다. 직접 조리해서 먹는 식사보다는 외식, 혹은 조리된 식품을 집에서 덥혀 먹는 경우가 빠르게 증가하고 있다.

새로운 식습관은 새로운 시장을 만들어 내고 있으며, 무엇보다 거대 기업들이 이 거대한 시장을 선점하고 있다. 다른 한편, 20세기 중반 이후 완성된 산업형 농업은 여전히 대부분의 지구인들에게 농산물을 공급하고 있다. 교통과 통신의 발달은 계절과 지역을 넘어서 다양한 농산물을 대형 마트를 통해 소비자들에게 제공할 수 있게 되었다. 이제 우리는 대량생산과 장거리 이동의 사회생태적 함의는 무엇인지에 대해 생각하게 된다. 예컨대 화학비료, 농약, 유전자 변형 작물, 식품보존제 등은 현대 과학기술의 성과이지만 동시에 건강과 환경에 나쁜 영향을 끼친다. 경제성장에 따라 먹을 것이 풍성해졌지만, 심한 영양 불균형이 발생하기도 한다. 특히 육류, 당류, 가공식품의 소비가 증가함에 따라 비만, 고혈압, 고지혈증과 같은 성인병에 시달리는 사람 역시 늘고 있다.

이 장에서는 먹거리와 관련해서 다양한 건강 및 보건 쟁점들에 대해 검토한다. 현대사회에서 산업적으로 생산되고, 유통되고, 소비되는 식품들이 초래하는 여러 문제에 대해 함께 생각해 보자.

비만과 먹거리
🍴

오늘날 "뚱뚱하다"라는 말은 매우 모욕적인 표현이 되었다. 심지어는 "얼굴이 좋아졌다"라는 말도 함부로 쓰지 말라고 한다. 비만에 대한 사회적 낙인이 만들어진 것이다. 이와 별개로 비만이 전반적인 건강에 좋지 않다는 의학적 자료가 많다. 이에 따라 미국의 의료협회American Medical Association와 세계보건기구WHO 모두 비만을 질병으로 규정하고, 적극적인 예방과 치료를 강조하고 있다. 비만은 의학적으로는 '과도한 지방이 축적되어 건강에 부정적 영향을 줄 수 있는 상태'로 규정된다. 일반적으로 어떤 사람의 신체질량지수BMI가 30을 넘으면 비만으로 판단한다. 다만 한국을 포함한 동아시아의 경우 BMI 25 이상을 비만으로, 30 이상을 고도비만으로, 그리고 23에서 25를 과체중으로 본다. BMI를 계산하는 방법은 다음과 같다.

$$BMI = \frac{체중\,(kg)}{키^2\,(m)}$$

비만은 심혈관 질환, 당뇨, 암, 수면 무호흡증, 우울증 등의 원인이 되는 것으로 알려져 있다. 비만의 주원인으로는 과도한 영양 섭취와 운동 부족이 꼽힌다. 따라서 비만을 줄이기 위해서는 지방이나 당이 높은 식품을 줄이고 적절한 운동을 해야 한다. 《New England Journal of Medicine》에 따르면, 2015년을 기준으로 할 때, 전체 인구의 12%에 해당하는 6억 명이 비만이며 그중 1억 명은 어린이였다.

산업사회에서 비만은 대체로 자기관리의 실패로 여겨지는 데 비해 비산업사회에서는 비만을 부와 다산의 상징으로 보았다. 우리나라에서도 1980년대까지만 해도 살이 찐 것이 '미덕'이고, 배가 나온 것을 '인격'이라고 여겼다. 체중이 많이 나가는 것을 중요하게 여겨서 우량아선발대회도 있었다. 1970년에 전국우량아선발대회가 만들어져 1984년 폐지될 때까지 우량아선발대회는 세간의 주목을 받았다. 이 대회는 모유 수유를 낙후된 행위로 여기고 분유를 마케팅하려는 기업의 후원하에 진행된 것이었다(〈그림 7-1〉 참조). 하지만 살이 찌는 것이 건강에 좋지 않고 날씬한 것이 건강과 미용에 좋다는 쪽으로 생각이 바뀌면서 우량아대회는 자연스럽게 폐지되었다.

비만은 전 세계적인 현상이다. 이는 산업화가 진행되면서 몸을 덜 움직이고, 1인당 음식 섭취량이 늘어난 데서 기인한다고 할 수 있다. 더불어 섭취하는 음식의 종류가 변한 것도 큰 요인이다. 곡물이나 채소보다는 육류, 설탕, 가공식품의 소비가 증가한 것이다.

〈그림 7-2〉에 따르면 비만율이 가장 높은 OECD 국가는 미국으로, 전체 인구의 38.2%가 비만이다. 미국 다음으로는 멕시코, 뉴질랜드, 헝가리, 호주 등의 비만율이 높았다. 비만율 상위 국가들은 대체로 육류 소비량이 높고, 패스트푸드 소비가 많은 나라들이라고 할 수 있다. 반면 OECD 국가 중 비만율이 가장 낮은 나라는 일본과 한국으로, 각각 3.7%와 5.3%였다. 이들 동아시아 국가는 쌀밥을 주식으로 하고, 상대적으로 육류 및 당 소비량이 적은 나라들이다. 비만의 원인은 복합적이기 때문에 식습관으로 모든 것을 설명할 수는 없다. 하지

〈그림 7-1〉 우량아선발대회

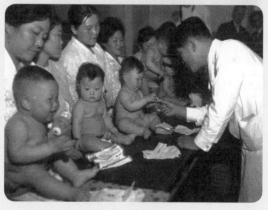

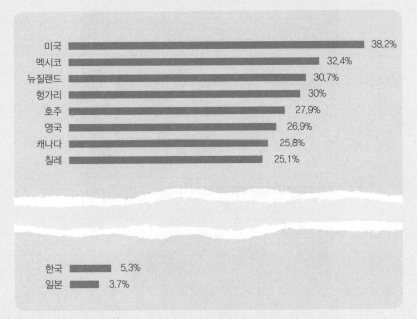

〈그림 7-2〉 OECD 국가들의 비만율 (15세 이상 인구 기준)

미국 38.2%
멕시코 32.4%
뉴질랜드 30.7%
헝가리 30%
호주 27.9%
영국 26.9%
캐나다 25.8%
칠레 25.1%

한국 5.3%
일본 3.7%

출처: OECD(2017년 자료)

만 대부분의 전문가가 음식을 비만의 가장 중요한 원인으로 지목하고 있다.

비만사회 미국

🍴

미국은 세계에서 가장 뚱뚱한 나라이다. 2016년 기준 미국 성인의 39.8%가 비만(BMI 30 이상)이며, 71.6%가 과체중(BMI 25 이상)에 해당된다. 어쩌다 그 지경이 되었을까? 이 질문과 관련해서 식품 소비는 분명히 중요한 요인 가운데 하나이다. 미국 건강영양조사National Health and Nutrition Examination Survey에 따르면, 미국의 성인 비만율은 1960년 13% 정도였는데 이후 1971년 14.5%, 2000년 30.9%로 높아졌다. 이 기간 동안 식품 에너지 섭취량이 급격하게 증가했다(《그림 7-3》). 여성의 경우 1971년 1인당 에너지 섭취량은 1,542kcal였는데 2000년에는 1,877kcal로 약 22% 증가했다. 남성의 경우 1인당 에너지 섭취량은 같은 기간 2,459kcal에서 2,651kcal로 약 7.8% 증가했다.

증가된 대부분의 에너지는 탄수화물을 통해 섭취되었는데, 구체적으로는 당분이 포함된 탄산음료, 과일주스, 아이스티, 기능성 음료, 감자튀김이다. 그리고 이들 식품의 섭취가 비만, 대사증후군, 제2형 당뇨의 원인으로 지목되고 있다. 미국인들은 과거에 비해 많은 열량을 섭취하고 있으며, 심지어 건강에 나쁜 음식들을 더 많이 섭취하고 있는

<그림 7-3> 미국 성인의 비만율 변화

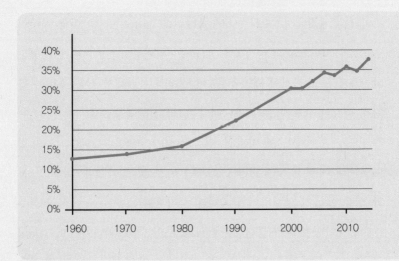

출처: NHANES

것이다. 탄산음료, 아이스티, 감자튀김 등은 햄버거나 피자 등의 패스트푸드 소비와도 직결되므로 미국 식문화의 문제점을 그대로 보여 준다고 할 수 있다.

　비만율에 영향을 주는 중요한 사회적 변수들로는 소득이나 교육 수준이 있다. 미국의 연구에 따르면 일반적으로 대학교육을 받은 사람들이 그렇지 않은 사람들에 비해 비만율이 낮았다. 한편 소득과 관련해서는 다소 모호하다. 남성의 경우 소득이 낮거나 높은 집단이 중간 집단에 비해 비만율이 낮았다. 여성의 경우에는 소득이 높은 집단이 중간 집단이나 저소득 집단에 비해 비만율이 낮았다. 대체로 소득이나 교육 수준이 높으면 비만율이 낮아진다고 할 수 있다.

　미국의 비만은 엄청난 사회경제적 비용 지출로 이어지고 있다. 연간 약 10만~40만 건 정도의 사망이 비만에 의한 것으로 추정되고 있으며, 1170억 달러의 직간접적 비용이 지불되고 있다. 비만으로 인해 고혈압, 당뇨, 고지혈증, 암 등의 질환에 걸리면, 개인의 입장에서도 평생 힘든 시간을 보내야 한다. 재정적으로나 심리적으로 어마어마한 부담을 겪게 되는 것이다. 그뿐만 아니라 부모, 배우자 등의 가족도 오랫동안 고통에 시달린다. 그런 의미에서 비만의 사회심리적 폐해는 매우 크다고 할 수 있다.

한국, 날씬한 사회 or 비만사회?

🍴

한국의 비만율과 관련해서 앞에 제시한 OECD 자료와는 사뭇 다른 통계도 있다. 2018년 12월 국민건강보험공단이 발표한 「2017년 건강검진통계연보」에 따르면 우리나라의 비만율은 36.9%였다. 성별로는 남성이 44%, 여성이 28.9%의 비만율을 보였고, 특히 30대 남성의 비만율은 49%로 가장 높았다. 건강보험공단에서는 당뇨병과 고혈압 등 비만 관련 질병에 따른 사회경제적 비용이 한 해에 11조 4000억 원에 달한다고 비만의 심각성에 대해 경고하고 있다.

OECD와 한국 국민건강보험공단 자료의 커다란 차이는 어디에서 비롯되는 것일까? 또 그 의미는 무엇일까? 의외로 그 답은 단순하다. 바로 비만율 산정 기준의 차이인 것이다. OECD는 BMI 30 이상을 비만으로 판정하는 데 비해 우리나라는 BMI 25를 비만의 기준으로 삼고 있다. 이에 따라 한국의 비만율이 OECD 통계에서는 5.3%, 국내 통계에서는 36.9%라는 현격한 차이를 보이는 것이다. 2018년 10월 11일 세계비만의 날을 맞아 진행된 국회의 보건복지부 국정감사에서 한 국회의원이 이 문제를 제기한 바 있다. 그럼에도 불구하고 한국의 비만율 기준은 여전히 BMI 25를 유지하고 있다.

어느 정도로 살이 찌는 것을 비만으로 규정할 것인가는 의학적 측면뿐 아니라 다양한 사회 정책적 함의를 갖는다. 비만의 기준을 엄격하게 규정하는 것은 비만의 폐해를 미리 예방하는 결과를 낳을 수 있다.

하지만 이는 동시에 건강상의 문제가 없는 통통한 사람을 비만으로 규정하게 하고 건강염려증을 불러일으킬 수 있다. 또한 비만은 외모에 대한 사회적 규정과도 관련된다. 최근 한국사회에는 날씬함을 과도하게 추구하고, 외모를 지나치게 강조하는 문화가 있다. 이런 상황에서, 문제가 없는 사람들도 자신을 뚱뚱하다고 여기고, 살을 빼기 위해 애를 쓰는 경우가 발생한다. 유독 한국에서만 비만의 기준을 지나치게 엄격하게 규정하는 것에 대해 앞에서 언급한 국회의원은 다이어트업계, 제약업계, 패션업계 등의 이해에 부응하는 행위라고 비판했다. 따라서 비만율의 기준을 OECD와 같게 해야 한다고 주장한 것이다.

비만은 분명 건강에 좋지 않다. 하지만 비만이라는 질병의 기준이 사회적으로 유동적이라는 점은 기억할 필요가 있다. 예컨대 비만 기준을 BMI 25로 할 것인지 아니면 30으로 할 것인지에 따라 많은 사람이 비만인으로 분류되기도 하고, 배제되기도 한다. 비만인으로 분류되면 갑자기 불안과 걱정이 늘어 살을 빼기 위한 노력을 하게 된다. 또한 한 번 질병이라는 라벨이 붙게 되면, 사회적으로 다양한 개입이 이루어진다. 살을 빼기 위한 각종 다이어트 프로그램, 체중 감량을 도와주는 약물, 체지방 분해제 등이 사람들의 관심을 끌고, 큰 산업으로 성장한다. 고혈압 기준과 더불어 질병의 사회적 구성의 대표적인 예라고 할 수 있다.

우리나라의 경우 성인 비만율(BMI 25 이상)은 꾸준히 증가해 왔다. 하지만 남성과 여성 간의 차이가 눈에 띈다. 즉 2016년 기준 남성의 비만

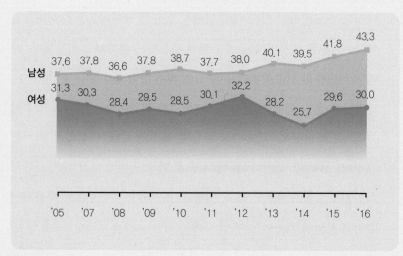

〈그림 7-4〉 한국인 남성과 여성의 비만율 변화 (%)

출처: 질병관리본부

154

율은 43.3%였고, 여성의 그것은 30%로 남성들의 비만이 훨씬 흔했다
(〈그림 7-4〉). 이러한 성별 비만율 차이는 2000년대 이후에 나타난 것이
다. 1998년만 해도 남성의 비만율은 25.1%인 데 비해 여성의 비만율은
26.2%로 오히려 여성 가운데 비만인 사람이 더 많았다. 20년 사이에
남녀 간의 비만율이 역전되었을 뿐 아니라 무려 13.3%의 차이를 보이
고 있다. 이는 남성이 여성에 비해 전체 칼로리 섭취량이 많고, 기름진
음식, 탄수화물을 더 많이 섭취한 데서 기인한 것으로 추정된다. 더불
어 몸이나 건강 또는 다이어트에 대한 관심이 남성에 비해 여성에게서
더 높게 나타나는 것도 중요한 요인으로 꼽을 수 있다.

　　최근 중요한 사회 문제로 등장한 것이 청소년 비만이다. 아직 성인
이 되지 않은 상태에서 뚱뚱해지면 고혈압, 고지혈증, 당뇨병 등 대사
질환의 발병률이 높아진다. 그리고 그 질병은 평생 고통스럽게 관리해
야 하는 것들이다. 따라서 청소년들의 체중을 관리하고, 건강한 섭생
을 교육하는 것은 매우 중요하다.
　　학교와 학원을 오가며 입시교육에 시달리는 청소년들은 좋은 음식
을 챙겨 먹기가 어려운 현실이다. 보통 편의점에서 컵라면이나 삼각김
밥을 급하게 먹고 학원으로 달려가는 경우가 많다. 밥과 나물 등으로
구성된 한식보다는 햄버거나 피자와 탄산음료를 선호한다. 공부하는
데 힘이 든다고 하여 보신을 목적으로 마블링된 쇠고기를 잔뜩 먹기도
한다. 이런 식단 때문에 적지 않은 청소년들이 비만에 시달린다(〈그림

<그림 7-5> 청소년의 비만율

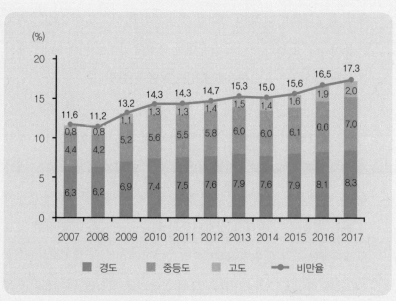

출처: 교육부 「학교건강검사 표본조사 결과」

7-5) 참조). 교육부 자료에 따르면 학생들의 비만율은 지속적으로 높아지고 있다. 2007년 11.6%였던 것이 10년 사이에 17.3%로 5% 이상 증가했다. 따라서 이에 대한 관심과 교육이 시급하며 정책적 개입 역시 필요하다.

먹거리, 비만, 질병

🍴

비만과 더불어 현대인들의 중요한 질환으로 등장한 것이 고혈압, 고지혈증 등의 대사 질환이다. 이 질환들이 발생하는 데는 다양한 원인이 있지만, 잘못된 음식 섭취가 매우 중요한 요인 중 하나라는 점은 분명하다. 현대인들이 먹는 음식은 과거의 그것에 비해 맛있고, 부드러우며 시각적으로도 보기 좋다. 그렇다고 해서 오늘날의 음식이 더 건강에 좋을까?

대부분의 식당에서 제공되는 음식이나 슈퍼마켓에서 판매하는 식품은 맛을 중심으로 평가받는다. 그런데 그 맛은 대부분 설탕이나 글루탐산나트륨MSG과 각종 식품첨가물에 의존한다. 과거의 음식에 비해 고기를 많이 활용하고, 가공이 많이 된 음식이 대부분이다. 청소년들이 좋아하는 패스트푸드나 인스턴트 식품은 말할 것도 없다. 햄버거, 탄산음료, 도넛, 소시지 등은 너무도 많은 식품첨가물을 포함하고 있으며, 건강에는 매우 좋지 않은 음식임에도 청소년들이 선호하게 되었다. 물론 이는 광고의 힘, 식품이 포함하고 있는 지방과 설탕, 바쁜 생활 스타일 등이 결합되어서 나타난 현상이다. 장기적으로 보면 그 결과는 질병으로 나타난다. 비만, 고혈압, 고지혈증, 그리고 심하게는 뇌졸중과 심장마비의 원인이 되는 것이다.

이러한 문제를 해결하기 위해서는 근본적인 요인, 즉 식습관의 변화가 필요하다. 많은 건강 전문가들이 제안하듯 곡물, 채소, 과일 등을 중심으로 식단을 바꿀 필요가 있는 것이다. 특히 당류, 지방, 식품첨가물이 가득 들어 있는 가공식품을 대폭 줄여야 한다. 예컨대 사람들이 즐겨 먹는 초콜릿 안에는 많은 식품첨가물이 포함되어 있다. 〈그림 7-6〉에서 국내에서 많이 팔리는 한 초콜릿의 대표적인 성분을 확인할 수 있다. 대부분의 초콜릿 안에는 설탕, 유당, 전지분유 등이 들어가 있다. 이 초콜릿의 경우, 영양 성분으로 볼 때 일일 섭취 기준 대비 당류가 17%, 포화지방이 47%, 지방이 20%, 콜레스테롤이 2% 포함되어 있다. 초콜릿이 아니라 첨가물 식품이라고 해도 과언이 아닌 것이다.

건강을 위해서는 식품에 대해 관심을 가지고, 공부하고, 판단하는 노력이 필요하다. 개인의 결단과 행동이 중요함은 물론이다. 더 나아가 음식문화에 대한 새로운 혁명이 요구된다. 무엇이 좋은 음식이고, 무엇이 맛있는 음식인가에 대해 보다 근본적인 질문을 던져야 한다. 또한 음식이 가진 공공적 성격을 고려할 때, 정부나 지자체가 개입할 필요가 있다. 음식 관련 정책이 매출과 이윤 창출에 관심이 많은 식품

<그림 7-6> 초콜릿의 성분

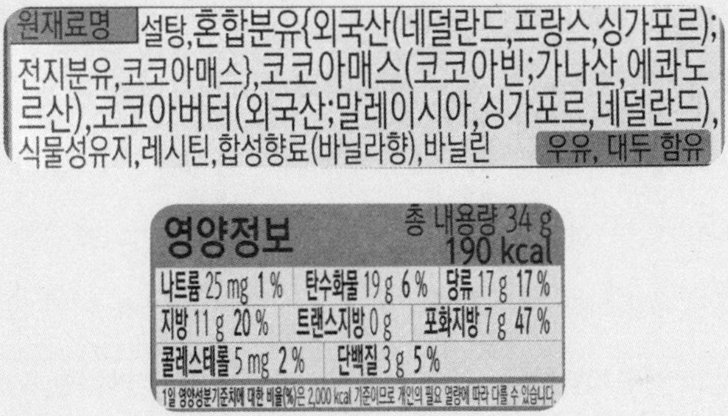

원재료명 설탕, 혼합분유{외국산(네덜란드, 프랑스, 싱가포르); 전지분유, 코코아매스}, 코코아매스(코코아빈; 가나산, 에콰도르산), 코코아버터(외국산; 말레이시아, 싱가포르, 네덜란드), 식물성유지, 레시틴, 합성향료(바닐라향), 바닐린 **우유, 대두 함유**

영양정보	총 내용량 34 g 190 kcal	
나트륨 25 mg 1 %	탄수화물 19 g 6 %	당류 17 g 17 %
지방 11 g 20 %	트랜스지방 0 g	포화지방 7 g 47 %
콜레스테롤 5 mg 2 %	단백질 3 g 5 %	

1일 영양성분 기준치에 대한 비율(%)은 2,000 kcal 기준이므로 개인의 필요 열량에 따라 다를 수 있습니다.

기업들에 의해 좌우되어서는 안 된다. 정부가 시민들의 건강과 중장기적인 의료비를 고려하여 식품 관련 정책을 적극적으로 펴야 하는 것이다.

또한 시민들은 새로운 음식문화운동을 만들어 내야 한다. 건강한 음식을 먹기 위해서는 식재료에서부터 시작해야 한다. 농약과 화학비료를 최소화하는 농업 생산체계가 필요하다. 조리 과정 역시 중요하다. 특히 외식의 빈도수가 증가하면서 음식점의 요리사와 조리 관련자들의 중요성이 커진다. 이들이 어떤 재료를 가지고, 어떻게 요리하느냐가 일반 시민들의 건강에 큰 영향을 준다. 따라서 요리사들에 대한 종합적인 식교육이 필요하다. 물론 이 과정에서 소비자들의 관심과 목소리가 필수적이다. 단순히 배를 채우기 위해서 음식을 먹는 것이 아니라, 질문하며 먹는 것이 요구되는 것이다. 식재료는 어디에서 어떻게 생산된 것인지에 대해 질문해야 한다. 또한 특정 메뉴가 어떤 방식으로 조리되고 어떤 양념들이 들어갔는지 물어야 한다. 이러한 '까탈스러움'이 요리사들에게 큰 자극과 교육이 될 수 있다. 소비자들도 이 과정을 통해 음식에 대해 관심을 가져야, 건강을 지켜 나갈 수 있다.

먹거리 불안

현대 식품체계는 식품 안전에 관하여 다양한 제도와 규정을 만들어 냈다. 식품을 대량으로 생산하면서 발생할 수 있는 식품사고는 심각한 대중 보건 문제를 발생시키고, 사회 문제를 야기할 수 있기 때문이다. 특히 식품 위생에 관한 다양한 규정들이 존재한다.

그럼에도 불구하고 해마다 식품 관련 사고가 발생하며, 소비자들은 그 위험 때문에 불안해한다. 예전에는 식량의 부족과 굶주림이 먹거리 불안의 원인이었다. 반면 산업사회 이후에는 식품의 가공과 변조 과정에서 발생하는 다양한 식품 안전에 대한 문제가 중요해졌다. 예컨대 19세기에 들어서면서 황산을 이용해 맥주를 숙성시키고, 광명단을 사용해서 치즈의 색을 내는 등의 행위가 이루어졌다. 20세기 이후 가공식품이 발달하고, 식품첨가물의 활용이 광범위하게 이루어지면서 식품 안전에 대한 관심과 우려가 높아졌다. 이에 따라 국가가 식품의 안전과 청결을 확보하기 위한 제도들을 만들어 왔다. 예컨대 첨가제, 오염물질, 포장, 상표, 위생 등에 대한 규정들이 체계화된 것이다. 그럼에도 불구하고 여전히 먹거리 관련 사고는 발생하고 있으며, 사회적 불안은 줄어들지 않는 것 같다.

이러한 불안은 현대사회가 가진 중요한 특징과 관련된다고 할 수 있다. 독일의 사회학자 울리히 벡이 지적한 바와 같이 현대사회의 합리성과 과학기술은 위험 자체를 내재하고 있다. 예컨대 정교한 핵 발전 체계는 과학기술의 성과이지만, 그것은 그 성과의 우월성만큼 엄청난 위험을 내재하고 있다. 과학자들이나 전문가들의 확률에 근거한 합리적 설명은 일반 시민들의 불안을 상쇄하지 못하는 것이다. 비슷한 상황이 먹거리 불안과 관련해서도 발생한다. 음식에 대한 전문가들, 즉 영양학자, 의사, 미생물학자, 생리학자, 독극물학자 등은 전문적·과학적 담론을 제시한다. 하지만 과학적 담론은 그 속성상 패러다임의 변화에 따라 수정되고, 변화한다. 본질적으로 잠정적인 것이다. 또한 과학자, 전문가들은 건강에 대한 위험을 확률과 통계적 언어로 표현하는데, 이는 대중들에게는 모호하고 불확실하게 느껴진다. 때로 불확실성은 오히려 불안을 증폭하기도 한다.

이러한 맥락에서 비어즈워스와 케일(2010)은 "크게 확장된 과학적 지식이 먹을거리의 위생 상태와 먹을거리 안전 일반을 상당히 진전시킨 바로 이 시기에, 과학적 공표와 경고가 음식 관련 불안을 자극할 수도 있다는 점은 다소 아이러니하기도 하다"라고 진술하고 있다. 대중들의 상식과 경험 지식은 서서히 변화하며 익숙해진 것이다. 과학적 담론과 대중의 경험적 지식의 간극이 커지거나 충돌하면 대중들은 더욱 불안해한다.

대표적인 예를 광우병에서 찾을 수 있다. 1986년 영국에서 처음 발견된 광우병은 과학자들의 논쟁과 산업계 및 정부의 부정 속에서 재난으로 확산되었다. 광우병에 대한 복잡하고 전문적인 논쟁은 과학자들이 분명한 답을 내놓지 못하게 했다. 반면 광우병으로 인한 사망자 수가 증가하자 영국을 비롯한 유럽 전체가 충격과 공포에 빠졌다. 세계적으로 200명 이상이 인간광우병CJD으로 사망했으며, 영국에서는 440만 마리의 소가 소각 처분되었다. 유럽은 1996년부터 영국 쇠고기

〈그림 7-7〉 2008년 미국산 쇠고기 수입반대 촛불집회

수입을 약 10년간 금지시켰다. 일본에서 36건의 광우병 소가 발견되었고, 미국에서는 2003년 첫 광우병 소가 발견된 뒤, 간헐적으로 사례가 보고되었다. 이에 따라 일본과 한국 등은 미국 소 수입 규제 조치를 취한 바 있다. 한국에서는 광우병 소가 발견되지 않았지만, 뉴스를 접한 소비자들은 크게 우려했다.

그런데 2008년 이명박 정부는 갑자기 미국산 쇠고기의 전면적인 수입 자유화를 결정했다. 이에 따라 2008년 5월 2일 첫 촛불집회 이후 100일이 넘게 미국산 쇠고기 수입을 반대하는 시위가 이루어졌다. 이명박 정부는 집권 이후 신자유주의 정책을 본격적으로 추진했으며, 특히 한미 FTA 타결을 위해 미국산 쇠고기 수입 개방을 미국 측에 전격적으로 약속했다. 이에 따라 2008년 4월 19일 캠프 데이비드에서의 한미 정상 회담을 하루 앞두고 전면 개방을 내용으로 2차 협상이 타결되었다. 광우병 사례가 보고된 상황에서 위험 관리와 검역에 대한 조건을 갖추지 않고 매우 정치적으로 쇠고기 수입 자유화가 결정된 것이다.

많은 시민이 크게 우려하고, 분노했다. 2008년 4월 29일 문화방송 'PD수첩'에서 미국산 소의 위험성을 다룬 방송 〈긴급취재, 미국산 쇠고기, 광우병에서 안전한가?〉를 방영하였다. 이후 미국산 소의 안전성에 관한 다양한 정보가 인터넷상에 난무하고, 온라인 광장에서 토론이 치열하게 전개되는 가운데 특히 청소년, 자녀를 가진 부모, 여성 단체 등의 새로운 주체들을 중심으로 수많은 시민이 광장에서 촛불을 들었다.

2008년 대한민국의 한가운데서 펼쳐진 촛불집회는 현대인들의 먹거리 불안과 관련해서 여러 시사점을 던져 준다. 첫째, 현대적 고기 생산 체계가 가진 위험을 그대로 노출시켰다. 미국산 쇠고기의 광우병 위험은 초식동물에게 단백질을 사료 보충제로 먹였던 공장형 축산의 사육 방식과 떼려야 뗄 수 없다. 짧은 시간에 체중을 늘리고, 효율적으로 소를 사육하기 위한 공장형 축산이 광우병을 낳았던 것이다.

둘째, 기업식량체제가 안고 있는 먹거리 위험에 대한 기본적 시각을 보여 준다. 특히 신자유주의가 지배하는 세계질서 속에서 한국과 미국의 지배 엘리트들은 먹거리 안전의 문제에 대한 공적 개입을 포기했던 것이다.

셋째, 이러한 먹거리 안전보장에 관한 공적 개입의 포기, 즉 국가의 역할 방기에 대해 시민들은 집단적으로 불안해했으며, 자신들의 건강을 지키기 위해 직접 거리로 나섰다. 개념적으로 보면 식품 안전의 문제를 국가가 해결하지 못하자 시민사회가 직접 챙기려 한 노력으로 평가할 수 있다.

넷째, 미국산 쇠고기 및 광우병을 둘러싼 시민들의 불안은 전문가들의 설명이나 국가기구의 설득에 의해 해결되지 못했다. 인터넷에는 다양한 정보가 넘쳐 났으며, 이는 시민들의 불안을 더욱 증폭하였다. 결국 먹거리와 관련된 어떤 정보체계도 안정적으로 신뢰하지 못하는 아노미적 상태에 빠졌다고 할 수 있다.

이러한 과정은 부분적으로는 비어즈워스·케일(2010)이 정리하고 있는 뉴스의 나선형 모델^{news spiral}을 통해 설명할 수 있다.

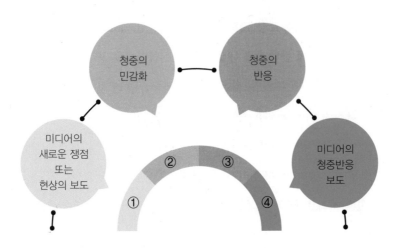

① 미디어가 광우병 관련 보도를 통해, ② 시청자들과 시민들로 하여금 위험에 대해 민감하게 했다. ③ 시민들은 매우 적극적으로 의견과 우려를 교환하고, 거리로 나오게 되었다. 이 과정에서 온라인의 역할이 매우 중요해졌으며, 이는 새로운 형태의 의사소통과 집합행동을 가능하게 했다. ④ 이러한 집합행동과 이에 대한 경찰, 정부, 전문가들의 대응이 미디어를 통해 생생하게 보도되었다. 이때 미디어는 전통적인 TV나 라디오뿐 아니라 인터넷, 1인 방송, SNS 등 매우 다양하고 탈중심적인 매체들을 포함했다. 이는 다시 ② 청중들의 민감화 단계로 피드백 고리를 형성하게 되어, 시민들의 불안과 불만이 더욱 증폭되었

다고 설명할 수 있다. 물론 이는 2008년 촛불집회의 동학을 설명하기에는 지나치게 단순한 설명이다. 다만 미디어 이론을 통해 당시에 광우병에 대한 불안이 어떻게 증폭되고, 확장되었는가에 대한 대강의 그림을 그릴 수 있게는 해 준다. 즉 먹거리 불안은 때로 과학적 사실과는 별개로, 사회적으로 구성되는 부분이 있는 것이다.

공장형 축산과 보건

🍴

음식문화에 있어 20세기의 중요한 변화 중 하나가 육식의 증가이다. 특별한 의례용 음식이던 고기가 대중화되고, 상시적으로 소비되기 시작했다. 이는 물론 경제성장과 깊이 관련된다. 20세기 중반 이후 세계적 개발주의 시대에 소득의 증대가 이루어졌고, 이는 육류 소비의 폭발적 증가를 가져왔다. 그리고 이러한 고기 수요를 충족시키기 위한 육류 생산체계가 발달했다. 흔히 공장형 축산이라고 불리는 '집중사육형 축산시설'이 자리 잡게 된 것이다. 공장형 축산은 제한된 공간에 다수의 가축을 가두어 두고, 집중적으로 사료를 먹여 단기간에 체중을 늘리는 생산방식이다. 전 세계 고기의 약 40%가 이런 공장형 축산을 통해 생산되는 것으로 추정된다.

공장형 축산의 목표는 과학기술을 활용해 효율적으로 고기를 만들어 내는 것이다. 공장형 축산 발전에 미국 정부와 대학 실험실들이 큰 역할을 했다. 사료 효율성을 높이고, 고기의 양을 늘리기 위한 연구가 진행되었다. 밀집된 공간에서 생활하는 가축에게는 전염병이 발생하기 마련인데, 그 치사율을 낮추기 위한 방법들이 모색되었다. 가축용 비타민 보조제, 항생제, 백신, 살충제, 성장호르몬 등이 개발되었던 것이다.

더 많은 사람이 더 많은 고기를 먹게 되었다. 그리고 그 시작은 미국이었다. 사람들이 더 많은 고기를 먹기 위해서는 더 많은 고기가 생산되어야 했다. 문제는 고기가 가축, 즉 살아 있는 동물의 몸이라는 점이다. '어떻게 하면 더 많은 동물의 몸을 시장의 소비자들에게 공급할 것인가' 하는 문제는 공장형 축산 혹은 집중사육형 축산에 의해 해결되었다. 고기를 대량으로 생산하기 위하여 공업과 유사한 가축 생산체계가 만들어졌다. 투입과 비용을 최소화하고, 최대한의 생산과 이윤을 확보하기 위한 노력이 이루어졌다. 가축 한 마리당 면적, 사료 투입에 따른 체중 증가, 생애주기에 맞춘 복합사료, 비타민·항생제의 투입 등에 관한 정교한 프로그램이 마련되고 실현되었다. 공장형 축사를 관리하고 운영하며, 어느 시점에 시장에 출하할 것인가에 관한 경영적 관리가 도입되었다.

최초의 집중형 사육방식은 육계 생산에서 출발했다. 농가에서 방목을 통해 키워지던 닭은 미국의 도시 소비자층이 팽창하면서, 미국인들의 중요한 단백질원으로 변환되었다. 이에 따라 도시의 수요를 충

〈그림 7-8〉 공장형 축산을 통해 사육되는 소

당하기 위한 과학적 육계 사육방식이 개발되었다. 20세기 초반 미국의 주립대학들은 사료의 과학을 완성했고, 밀집된 계사에서 닭의 생존율을 높이기 위해 비타민, 항생제, 예방주사 등을 투입하기 시작했다. 이러한 육계 사육방식은 2차 세계대전 이후 더욱 정교화되고, 전 세계로 확산되어 현재 세계 닭고기의 40%가 공장형 축산을 통해 생산된다.

미국에서 꽃을 피운 공장형 축산 혹은 가축의 집중형 사육방식은 2차 세계대전 이후 전 세계로 확산되었고, 그에 상응해서 고기의 대량소비 역시 세계로 확산되었다. 집중형 사육방식에 있어 가장 중요한 요소는 옥수수와 콩을 중심으로 한 단백질 사료라는 점에서, 공장형 축산은 산업형 곡물 생산을 전제로 한 것이었다. 공장형 축산과 산업형 곡물 생산의 결합을 통해 전 세계적으로 '육류-곡물 복합체meat-wheat complex'가 형성되었다. 집중형 가축 사육은 육식 소비가 증가하는 세계 여러 곳에서 이루어졌는데, 값싼 곡물사료는 주로 산업형 농업이 완성된 미국에서 수입되었다. 이에 따라 곡물가격의 등락은 식량시장뿐 아니라 사료시장에까지 큰 영향을 주게 되었다.

2008년 세계 곡물가격이 폭등하여 식량위기가 왔을 때, 제3세계 여러 지역에서 식량폭동이 발생했다. 한국의 경우 쌀 수입량이 미미했기 때문에 2008년 식량위기에는 비교적 큰 타격을 입지 않았지만, 축산 농가들은 매우 큰 어려움에 처했었다. 왜냐하면 국내 축산 농가들이 수입산 곡물사료에 의존하고 있는 상황에서 곡물가격이 폭등했기 때문이다. 그런 의미에서 우리가 한우를 먹든 미국산 쇠고기를 먹든, 아니면 국산 치킨을 먹든 궁극적으로는 미국에서 산업적 방식으로 생산된 옥수수나 콩을 먹고 있다고 해도 과언이 아니다.

가축의 집중형 사육방식은 여러 사회생태적 문제를 낳고 있다. 첫째, 식량위기를 심화한다. 전문가들은 식량 부족 문제의 원인이 생산량 부족이 아니라 분배의 비효율성과 불평등함에 있다고 지적한다. 그러한 비효율성의 한 측면이 가축 사육을 위한 곡물 사용이다. 가난한 나라의 빈민들은 식량으로 옥수수를 먹는데, 그 옥수수를 에너지 전환의 측면에서 매우 비효율적인 사료로 활용함으로써 식량 부족 문제를 야기한다고 볼 수 있다.

둘째, 가축의 집중 사육은 폐기물의 대량 유출을 의미한다. 소, 돼지, 닭의 분뇨는 이제 퇴비로 순환되는 것이 아니라, 토지에 매립되거나 하천으로 흘러 들어가 땅과 물을 오염시킨다. 질소, 인, 사료, 털, 가죽, 동물 사체, 박테리아, 바이러스, 염분, 이산화탄소, 메탄, 암모니아, 항생제, 호르몬 등 심각한 위험을 지닌 물질들이 대량으로 배출되는 것이다. 이러한 환경적 폐해 때문에 공장형 축산이 집중되는 지역은 경제적으로 빈곤하거나 그 주민들이 사회정치적으로 약자인 경우가 많다.

셋째, 대규모로 가축 질병이 발생한다. 예컨대 장출혈성대장균 감염증E. coli, 구제역, 조류인플루엔자AI, 중증급성호흡기증후군SARS 등이 수시로 발견되고 있다. 이에 따라 질병에 걸린 가축뿐 아니라 예방적 차원에서 수십만 마리의 가축들이 해마다 살처분-매립되고 있다. 이는 반생명주의적이며 반생태적인 행위임에도 불구하고, 인간의 육식에 대한 욕망과 육류 관련 기업의 이익을 위해 반복되고 있는 것이다. 최소한의 동물복지권도 보장되지 못하는 것이 공장형 축산의 현실이다.

우리나라에서 소는 논밭을 가는 생산수단이자 재산목록 1호였다. 하지만 이제 '일소'는 거의 존재하지 않는다. 소는 고기로서 생산될 뿐이다. 마이클 폴란의 저서 『잡식동물의 딜레마』는 공장형 축산 과정을 잔잔한 어조로, 그러나 매우 섬세하게 그리고 있다. 폴란은 목장에서 만난 어린 송아지를 통해 소의 생애를 보여 준다.

목장의 소는 생후 6개월 정도까지만 풀을 먹는다. 이후 적응 훈련을 거친 대부분의 소가 옥수수 사료를 먹게 된다. 보통 하루 32파운드의 사료를 먹으며 몸무게를 늘린다. 반추동물인 소는 풀을 먹지 못해 반추위가 팽창하고, 산중독, 설사, 궤양, 장독혈증 등에 시달린다. 이에 따른 소의 사망률을 낮추기 위해 다량의 항생제가 투여된다. 또한 공장형 축산시설의 소들은 배설물 위에서 먹고 잔다. 이는 심각한 박테리아의 위험을 낳는다. 가장 대표적인 것이 대장균 'O-157:H7'인데, 이는 사육장 소의 40%에서 발견된다고 한다. 'O-157:H7'은 인간에게 식중독을 일으키며, 심각한 신장 질환 및 사망을 야기할 수도 있다.

이윤 극대화와 효율성만을 강조하는 공장형 축산은 인류에게 치명적인 위험을 초래했다. 바로 광우병이다. 100% 치사율을 보여 주는 신경 퇴행성 질환인 광우병은 1986년 영국에서 처음 보고되었다. 이후 영국 정부의 자국 쇠고기 안전에 대한 대대적인 홍보에도 불구하고 광우병은 걷잡을 수 없이 발병했고, 결국 영국은 440만 마리의 소를 도살 처분해야 했다. 그러나 이미 광우병 쇠고기를 먹은 사람들이 인간광우병으로 죽어 가기 시작했다. 긴 잠복기로 인해, 앞으로 언제까지 얼마나 많은 사람에게 이 병이 발병할지 불확실한 상황이다. 광우병은 소를 소에게 먹이는 공장형 축산의 관행에서 비롯된 것으로 추정된다. 1997년 금지되기 전까지 소의 부산물을 소에게 먹이는 것은 값싸고 편리한 단백질 공급법으로 여겨졌다. 결국 자연의 순리를 거스른 공장형 축산이 치명적인 위험을 초래한 셈이다.

공장형 축산은 좁은 공간에 가축을 가두어 놓고, 어마어마한 양의 투입재를 사용한다. 통계청 자료에 따르면, 농가당 한우 사육 마릿수는 1990년 평균 2.62마리에서 2010년 16.86마리로 6배, 돼지는 34.05마리에서 1237.63마리로 36배, 닭은 462.5마리에서 4만 1051.88마리로 무려 88배가 증가했다. 육류 소비량의 가파른 증가는 곧바로 사육환경의 황폐화를 부른다. 열악한 사육환경 속에서 더 많은 생산을 위해 항생제와 성장촉진제가 남용된다. 심지어 동종포식의 동물사료까지 투입된다. 이렇게 키운 축산물이 온전할 리 없다. 조류인플루엔자나 구제역 등이 발병할 확률이 높아지는 것이다. 한국 축·수산업의 항생제 사용량은 연간 1,500톤가량 되는데, 이는 우리보다 축산물 생산량이 두 배나 많은 일본의 1,000톤보다 높은 수치다. 축산물 생산량이 우리의 1.2배가량인 덴마크(94톤)에 비하면 무려 16배나 많은 항생제를 쓰고 있다. 외국보다 가축 사육 공간이 좁아 전염병 등의 발병률이 높기 때문에 항생제를 많이 쓰지 않을 수 없다.

동물을 오직 고기를 생산하기 위한 대상으로 보는 시각이 광범위하게 확산되었다. 해마다 조류인플루엔자나 구제역 등으로 수많은 가축들이 매몰 처리된다. 살아 있는 동물을 땅에 묻어 버리는 것이다(〈그림 7-9〉). 2010년 10월부터 2011년 3월 사이에 구제역과 조류인플루엔자가 동시에 발생했는데, 이때 약 1000만 마리의 가축이 땅에 매몰되었다. 농림수산식품부에 따르면 이 기간 동안 소·돼지 348만여 마리, 닭·오리 623만여 마리가 매몰 처리되었다. 이쯤 되면 가축의 대량살상을 해마다 반복하는 것이 과연 도덕적으로 옳은지에 대해 질문하게 된다. 더불어 동물의 권리와 복지에 대해서도 관심이 촉구된다.

육식을 넘어 – 채식주의
🍴

공장형 축산이 안고 있는 여러 문제들 때문에 일부 사람들은 채식을 선택하기도 한다. 특히 서구사회에서 채식주의는 상당히 광범위한 음식운동이자 문화로 자리 잡았다. 채식의 동기는 다양하다. 동물복지, 생태주의, 반자본주의, 정신 수양, 건강 등 여러 이유로 채식을 선택하는 사람들이 늘어나고 있다.

〈그림 7-9〉 가축 매몰

채식주의에도 여러 유형이 있다(〈표 7-1〉 참조). 유제품이나 달걀, 꿀 등 모든 종류의 동물성 음식을 먹지 않는 채식주의를 비건vegan이라고 한다. 비건보다는 조금 덜 원칙주의적인 락토 베지테리언lacto vegetarian은 유제품은 먹는데, 인도와 지중해 연안의 나라에서 흔하다. 다음 유형으로는 오보 베지테리언ovo vegetarian이 있는데 유제품은 먹지 않지만 달걀과 같은 알은 먹는 경우이다. 마지막으로 락토오보 베지테리언lacto-ovo vegetarian이 있는데, 이는 유제품과 동물의 알은 먹으며 채식을 하는 사람들을 일컫는다. 그 밖에도 개인이 구체적으로 어떤 고기를 먹느냐에 따라 채식주의를 더 세분하기도 한다.

서구의 순채식운동vegan movement은 1960년대 미국의 대항문화운동의 일환으로 등장했다. 〈그림 7-10〉의 슬로건이 표현하듯 동물, 지구, 그리고 개인의 건강에 대한 관심을 반영하고 있다. 더불어 음식에 대한 관심, 기존 식품 생산자 및 체계에 대한 불신, 그리고 환경에 대한 관심 등이 결합했다. 1971년 프랜시스 무어 라페Frances Moore Lappé에 의해 출간된『작은 별을 위한 식사Diet for a Small Planet』는 채식운동의 고전으로 간주되며 많은 사람에게 영향을 끼쳤다. 이후 다수의 학자 및 전문가들이 일련의 저술을 통해 육식이 가진 건강·환경·윤리적 문제를 제기했고, 채식운동은 꾸준히 확산되었다. 무엇보다 동물로부터 얻어진 어떤 물질도 먹지 않는다는 강한 입장을 견지했다. 고기는 물론 달걀, 버터, 꿀 등도 거부한다. 대신 콩이나 다른 대체물을 활용하여 다양한

<표 7-1> 채식주의 유형

	고기	달걀	유제품
비건	x	x	x
락토	x	x	o
오보	x	o	x
락토오보	x	o	o

VEGAN
FOR THE ANIMALS.
FOR THE PLANET.
FOR OURSELVES.
(AND BECAUSE IT'S THE RIGHT THING TO DO)

출처: https://www.roshnisanghvi.com/blog/veganism—the—truth—behind/

음식을 만들어 섭취한다. 1980년대에는 영국과 미국 등에서 펑크 음악을 비롯한 하위문화의 일부가 되었으며, 이후 점차 대중적으로 확산되었다.

이제는 비건 음식들이 음식점이나 슈퍼마켓에서 판매되는 실정이다. 특히 스위스, 스웨덴, 캐나다, 호주 등에 채식주의자들이 많고, 비건의 비율이 전체 인구의 1~4% 정도인 것으로 추정되고 있다. 이에 따라 비건 전용 마트나 식당들도 빠르게 성장하고 있다. 예를 들면 독일의 'Veganz'라고 하는 비건 전용 슈퍼마켓은 2011년에 처음으로 베를린에 문을 열고, 이후 독일의 타 도시, 체코, 오스트리아 등에서도 운영되고 있다. 'Veganz'는 "we love life"라는 기치 아래 공정무역, 윤리적이고 지속 가능한 기업, 그리고 동물의 고통이 없는 식품을 지향한다고 밝히고 있다.

서구에서 진행된 연구에 따르면, 채식주의의 확산은 고기가 가지고 있는 부정적 의미에 대한 반감과 깊이 관련되어 있다. 즉 현대 식품체계에서 고기 생산의 문제점에 대한 도덕적 분노, 반감, 혐오 등의 반反 고기 감상이 사람들을 채식으로 이끈다는 것이다. 또한 고기 소비의 감소는 적어도 서구사회에서는 식욕의 문명화와 깊이 관련된다. 즉 고기의 상징적 의미인 육체적 강인함, 동물적 본성, 열정, 권력, 공격성 등은 자기절제와 세련화 등의 개념과는 정반대되는 것으로, 채식주의는 문명화 과정의 일부로 이해될 수 있다.

〈그림 7-11〉 베를린에 위치한 최초의 비건 전용 슈퍼마켓 'Veganz'

고기가 가진 상징적 의미는 여성들의 남성주의적·가부장적 문화에 대한 저항의 일부로 해석되기도 한다. 육식의 남성성은 여성들의 육식 기피와 채식 선호를 낳는다는 것이다. 대부분의 사회에서 젊은 여성들의 채식주의 비율이 더 높은 것은 이와 무관하지 않다고 평가된다.

서구사회에서 육식의 기피나 채식은 식탁에서 시민권을 획득했다고 할 수 있다. 도시에서는 채식주의자들을 위한 식당을 쉽게 발견할 수 있으며, 일반 식당에서도 채식 메뉴를 준비한다. 단체로 식사를 할 경우에는 채식주의자들이 자신의 기호에 따라 메뉴를 선택할 수 있게 해준다. 채식주의자도 개인의 정당한 선택권을 보장받는 것이다.

한국에서 채식주의는 숫자로나 담론으로나 아직 소수이다. 모두가 채식주의자가 될 수는 없겠지만 개인이 어떤 음식을 먹을 것인지 혹은 먹지 않을 것인지에 대한 존중은 필요한 시대가 되었다. 산업화와 조직문화가 지배하던 시대에서 다양성이 존중되는 시대로 넘어가고 있다. 획일적인 회식문화, 특히 고기를 중심으로 위계적 관계 속에서 이루어지던 식탁문화가 변화의 조짐을 보이고 있다. 보다 큰 사회변동의 틀 속에서 육식과 채식 문제를 바라봐야 할 때이다.

● 추천하는 책

제레미 리프킨(신현승 역), 2002, 『육식의 종말』, 시공사.
조한경, 2017, 『환자혁명』, 에디터.

8장

생각하며 먹기, 그리고 행동하기

먹기의 1차적 목표는 생존이다. 먹어야만 살아남을 수 있는 것이다. 하지만 인류의 진화와 문명의 발달은 먹기와 먹거리를 훨씬 복잡하고 다양한 의미를 지닌 것으로 변화시켰다. 불을 활용하여 조리를 하고, 곡물과 채소를 재배하며, 가축을 길러 고기를 안정적으로 먹게 되었다. 산업이 발달하고, 대중사회가 도래하면서 슈퍼마켓과 대형 마트들이 세계 여러 지역에서 생산된 식품을 대량으로 공급하게 되었다. 그리하여 식품산업이 어마어마한 부가가치를 창출하게 되었다.

각종 프랜차이즈 음식점들과 패스트푸드 체인점들은 전 세계 음식 소비자들의 입맛을 동질화한다. 그런가 하면 다양한 민속음식이 소개되고, 음식 관광이 활성화되기도 한다. 서울 한복판에서도 네팔, 우즈베키스탄, 케냐 등 지리적으로 멀리 떨어져 있고, 문화적으로도 이질적인 나라의 요리를 맛볼 수 있다. 먹거리를 만들고, 준비하고, 먹는 과정 자체가 인간의 사회조직, 제도, 문화 등에 의해 구성되어 온 것이다. 이 책에서는 음식을 이러한 맥락에서 분석하고, 설명하고자 했다.

보통 현대사회를 움직이는 가장 중요한 구성 요소 혹은 분석 단위로 시장, 국가, 시민사회를 꼽는다. 이런 틀에서 볼 때, 음식과 먹기는 점점 더 복잡한 위치에 있게 된다. 전통적으로 음식을 만들고, 소비하는 공간은 가정이었다. 친밀성을 기반으로 하는 가족 내의 사회물리적 공간에서 음식을 준비하고, 함께 먹었다고 할 수 있다. 하지만 현대사회의 개인화와 시장경제의 확대, 일터의 중요성 등은 음식 관련 과정을 급격하게 변화시켰다.

현대사회에서 식품이라는 상품의 생산-유통-소비는 시장체계에 의해 주로 이루어진다. 이러한 경향은 여러 사회적 현상과 밀접한 관련을 맺는다. 첫째, 직장과 가정의 분리이다. 사람들은 대부분의 시간을 가정이 아닌 일터에서 노동을 하며 보내고, 집 밖에서 혼자 혹은 가족이 아닌 사람들과 식사를 한다. 둘째, 그 결과 전문적으로 음식을 판매하는 식당이라는 공간이 중요한 '먹기'의 장소로 부각되었다. 식당(레스토랑)이라는 음식 소비 전문기관이 급격하게 팽창한 것이다. 셋째, 전 세계적인 도시화는 음식을 만드는 데 필요한 식재료의 생산 과정을 음식 및 먹기 과정으로부터 분리시켰다. 고기, 채소, 과일 등 식재료는 슈퍼마켓에서 판매하는 추상적 상품일 뿐 음식을 조리하는 사람들의 활동과는 상관없는 것이 되었다. 넷째, 산업으로서의 먹거리 조달의 정교한 체계, 즉 식품체계 food system가 만들어졌으며, 이 체계에는 거대한 식품기업들이 막강한 영향력을 행사하고 있다. 대표적인 기업들이 네슬레, 펩시코, 코카콜라 등이다.

이 장에서는 음식을 통해 꼭 생각했으면 하는 몇 가지 주제들을 다룬다. 사회적 존재인 인간이 먹거리를 통해 자기 자신과 자신을 둘러싼 조직, 제도, 환경 등을 바라볼 수 있기를 바라는 마음이다. 책 앞머리에서 제시했던 사회학적 상상력을 떠올렸으면 한다. 나 자신을 객관화하고, 나 개인의 문제가 어떻게 사회구조와 관련되는가에 대해 성찰할 필요가 있다. 내가 먹는 음식이 어떤 관계망 속에서 만들어지며, 그것이 가지는 사회적 함의는 무엇인가에 대해 생각해야 한다.

무엇보다 먹거리는 단순한 상품 이상이라는 점을 강조하고 싶다. 삼겹살은 돼지라는 생명체의 일부분이다. 사과는 사과나무의 열매로서, 비와 바람을 견디며 나무에서 얻는 결실이다. 쌀은 벼라는 식물의 씨앗이며, 생명체이다. 현대인들은 이러한 사실들을 종종 잊어버리곤 한다. 대형 마트와 추상적인 시장, 그리고 식품가공산업은 먹거리의 출발점을 가려 버리고, 과정을 감춘다. 그저 보기 좋고, 맛있는 음식을 맘껏 먹으라고 충동질할 뿐이다.

이렇게 된 데는 긴 역사가 있었다. 잡식동물인 인간은 다양한 식물과 동물을 먹이로 선택하고, 농업과 축산업을 통해 먹거리를 생산해 내는 데 성공했다. 더 나아가 농·축산업의 산업화에 성공했다. 그리고 대량으로 생산된 먹거리를 또한 전 세계적으로 유통하는 대규모 조달체계를 만들어 냈다. 이 거대한 체계는 매우 효율적이다. 그러나 그 효율성은, 모든 거대 조직이 그러하듯, 내적인 모순을 안고 있다. 이 장에서는 현대 식품체계가 안고 있는 문제점에 대해 설명하고, '생각하며 먹을 필요성'을 제기하고자 한다. 음식을 생각하면서 먹기는 쉽지 않다. 음식이라는 창문을 통해서 사회를 생각하고, 다른 사람을 배려하고, 더 지속 가능한 식품체계를 만들어야 한다.

현대사회의 구조적 경직성과 식품체계 안에 갇힌 개인이 음식을 통해 세상을 바라보고, 문제점을 발견하며, 변화를 모색하는 것은 쉬운 일은 아니다. 이제까지 살펴본 바와 같이 현재 우리의 먹거리는 극도의 자유주의적 시장에 의해 생산되고, 유통되어 우리 식탁에 오른다. 시장은 중립적이지 않다. 시장은 추상적이지도 않다. 시장에는 다양한 행위자들이 있으며, 그들 간의 영향력은 평등하지도 않다. 점점 더 거대한 소수의 식품기업들이 우리의 음식과 먹기를 결정하고 있는 것이다. 이런 문제들에 대해 생각하고 행동해야 나 개인이 건강하고, 그래야 사회가 행복할 수 있다.

식량 자급과 식량주권

🍴

현재까지도 인간 먹거리의 기본 축은 여전히 곡물이다. 대부분의 인류가 쌀이든 밀이든 곡물을 식사의 중심에 두고, 육류와 채소를 곁들여 먹는다. 과거에 비해 그 양이 많이 줄긴 했지만 한국인들의 식습관 역시 쌀을 중심에 두고 있다. 그 밖에 밀의 소비량이 크게 증가했고, 콩, 옥수수 등도 한국인들이 많이 먹는 곡물이다. 그런데 최근 우리나라의 곡물 자급률은 20%대에 머물고 있다. 관세화를 통한 개방 정책으로 그동안 안정적으로 유지되던 쌀의 자급률마저 점차 낮아지고 있다(《표 8-1》). 쌀을 제외한 다른 곡물의 자급률은 심각하다 못해 민망할 지경이다.

반면 한국인 한 사람이 1년에 30kg 이상을 먹는 밀의 자급률은 2015년을 기준으로 1% 미만이다. 우리가 즐겨 먹는 빵, 라면, 과자에 사용되는 밀은 대부분 미국이나 호주 등에서 수입되고 있다. 그 밖에 옥수수는 0.8%, 두류는 9.4%의 자급률을 보이고 있다. 옥수수와 콩은 주로 사료로 사용되는데, 이는 한국의 육류 생산도 해외 의존성이 크다는 것을 의미한다.

1980년대 이후 지구적 규모의 자유화가 급속하게 진행되면서 먹거리와 농업의 자유화 역시 일반적 규범이 되었다. 이에 따라 농민으로부터 소비자에 이르는 사회의 모든 행위자가 먹거리를 통해 국경과 상

〈표 8-1〉 한국의 곡물 자급률 변화 (%)

	쌀	보리	밀	옥수수	두류	전체 곡물 평균
1970	93.1	106.3	15.4	18.9	86.1	80.5
1980	95.1	57.6	4.8	5.9	35.1	56.0
1990	108.3	97.4	0.05	1.9	20.1	43.1
2000	102.9	46.9	0.1	0.9	6.4	29.7
2005	99.4	60.0	0.2	0.9	9.7	29.4
2010	104.6	24.3	0.9	0.9	10.1	27.6
2015	101.0	21.9	0.7	0.8	9.4	24.0

출처: 한국농촌경제연구원 「식품수급표」

관없이 서로 연결되었다고 할 수 있다. 서로 다른 조직과 행위자들을 연결하고 통합하는 역할을 초국적 농식품기업들이 수행하고 있다. 초국적 농식품기업들은 세계화된 환경 속에서 일국 혹은 국가 간에 실시되었던 전통적인 농업 조정 정책을 무력화하고 농업 및 먹거리 전체를 지배하기에 이르렀다. '종자 생산에서부터 슈퍼마켓까지' 식품체계 전반에 대한 지배력을 강화하고 있는 것이다. 대표적인 기업이 카길^{Cargill}이다. 카길은 소맥·옥수수·대두 등 주요 곡물의 가공업체이면서, 축산사료 제조업체이고, 쇠고기·돼지고기 가공업체이다. 즉 원료(곡물)-사료 제조-가축 사육-식육 가공까지 모든 단계에 적극적으로 개입하고 높은 시장 점유율을 가진 기업이다.

신자유주의적 먹거리와 농업 정책 때문에 그동안 정부의 역할은 축소되어 왔다. 이에 따라 거대 기업들은 자유롭게 세계를 누비며 활동을 하고, 그 과정에서 세계의 소농들과 소비자들은 영향력을 잃고 있다. 점점 더 외국으로부터 먹거리가 유입됨에 따라, 식량 수입이 늘고 식량 자급률이 급격하게 감소하고 있는 것이다. 특히 한국과 같이 수출지향적 산업화를 추구한 국가들의 식량 자급률이 낮고, 식량주권이 훼손되고 있다. 국제농민조직인 비아 캄페시나^{la via campesina}에 의해 적극적으로 제기된 '식량주권^{food sovereignty}'은 '지속 가능하며 건강한 먹거리를 생산하고 소비하는 데 있어 일체의 부당한 간섭과 강요를 배제하고 자주적으로 결정할 권리'라고 정의되고 있다. 낮은 식량 자급률은 한국의 식량주권이 심각하게 위협받고 있음을 보여 준다.

특히 한국의 곡물 부문은 심각한 문제를 안고 있다. 자급률이 낮을 뿐 아니라 곡물 수입의 대부분을 '곡물 메이저'들에게 의존하고 있다 (《표 8-2》참조). 예컨대 한국인이 1년에 1인당 30kg 이상을 소비하고 있는 소맥(밀)의 경우 자급률이 1% 미만인데, 수입량의 46.7%가 4대 곡물 메이저를 통해 들어오고 있다. 사료로 많이 사용되는 대두(콩)와 옥수수의 경우에도 곡물 메이저들에 대한 의존도가 높다. 따라서 국제 농산물가격이 오르면 국내 가축 사육 농가들이 크게 어려움을 겪는 일이 반복되고 있다. 이러한 세계 농식품복합체에 대한 높은 의존성이 한국 농식품체계가 갖는 취약성의 근본 원인이며, 이 경우 국가적 차원에서 대응할 수 있는 범위도 매우 제한된다.

세계 농식품체계에 깊이 편입된 한국의 현실은 먹거리의 안정적인 확보가 거의 불가능한 상황이라고 할 수 있다. 공업 위주의 발전 전략과 비교우위론에 근거한 실질적인 농업 포기 정책들은 결과적으로 식량보장의 위기를 낳고 있는 것이다. 앞에서 지적했듯 국제무역 질서와 세계시장 기제를 통한 식량보장론은 전혀 현실적이지 않다. 20%대에 불과한 식량 자급률은 식량보장은 물론 한국사회의 지속 가능성을 위해서도 치명적인 문제가 된다. 따라서 체계적인 자급 노력이 이루어지지 않고서는 식량위기 상황에서 벗어나기 어렵다.

자유무역주의와 수출지향적 경제발전을 추구하고 있는 대한민국의 먹거리 생산과 소비는 극히 불안정한 상황에 처해 있다. 이러한 현황

〈표 8-2〉 한국의 곡물 메이저 의존 비율 (%, 2003~2008년 기준)

	4대 곡물 메이저				일본계	기타	메이저 비중
	Cargill	ADM	Bunge	Louis Dreyfus			
소맥(밀)	28.9	15.4	2.4	0.0	15.3	38.0	46.7
대두(콩)	28.4	9.8	1.9	6.3	52.8	0.8	46.3
옥수수	33.3	18.1	7.3	3.7	10.8	26.8	62.4
3대 곡물 평균	31.7	16.7	5.5	3.0	16.0	27.1	56.9

출처: 박환일 외, 2011: 28.

을 단적으로 보여 주는 예가 밀을 비롯한 곡물의 낮은 자급률이다. 스스로 먹을 것을 생산하지 못한다는 것은 언제든지 '먹을 수 있는 권리'를 박탈당할 수 있다는 것을 의미한다. 더불어 먹거리에 대한 권리가 시장을 통해 불균등하게 분배된다는 사실은 사회적 약자들의 식량권을 심각하게 위협하게 된다. 바로 이런 이유로 국제 곡물가격의 폭등이 발생할 때마다 제3세계의 빈곤층은 심각한 생존의 위협을 느끼고, 식량폭동이 발생하는 것이다.

신자유주의적 기업식량체제에 깊이 포섭되고, 시장 원리를 무분별하게 농식품 부문에 적용하는 우리나라의 경우에도 먹거리 불평등의 문제는 매우 중요하다. 따라서 이제는 주요 식량 작물에 대한 자급률을 높이고, 먹거리 분배와 공급의 새로운 패러다임을 모색해야 할 때이다. 이제 우리는 먹거리 문제가 가지는 공공적 성격을 이해할 필요가 있다. 신자유주의적 세계화에 따라 모든 것을 상품화하고, 시장 원리에 따라 재화를 분배하는 것은 먹거리 관련 불평등을 심화시킬 수밖에 없다. 따라서 다양한 정치적 단위에서 구성원들에게 '기본권으로서의 먹을 권리right to eat'를 보장해야 한다. 즉 국가, 지자체, 그리고 공동체 차원에서 모든 구성원이 안전하고 건강한 먹거리를 보장받을 수 있도록 제도적 장치를 만들어야 하는 것이다.

먹거리와 환경 문제

🍴

현대 식품체계는 엄청난 양의 화석연료를 사용하며 유지된다. 에너지 사용은 먹거리 생산과 이동의 측면으로 나누어 생각해 볼 수 있다. 거대한 기업식품체계에 의해 지배되는 현대인의 먹거리 생산은 매우 비효율적이다. 첫째, 육식의 문제를 지적하지 않을 수 없다. 1kg의 쇠고기를 생산하기 위해서는 약 9kg의 사료가 사용되며, 이 중 대부분은 곡물과 조사료이다. 육식을 위해서는 수자원이 과하게 낭비되기도 한다. 식품을 생산하는 데 필요한 물의 양을 추정하는 개념을 가상수virtual water라고 한다. 쌀, 달걀, 돼지고기, 쇠고기 1kg을 생산하는 데 필요한 가상수의 양은 각각 3,400리터, 3,300리터, 6,000리터, 그리고 1만 5000리터 정도이니, 육식을 위한 생산 과정이 얼마나 비효율적인지를 짐작할 수 있다.

둘째, 현대 대량생산형 농업은 석유 의존적이다. 사용 빈도가 낮은 대형 농기계가 농가마다 구비되어 있으며, 겨울철 하우스 난방비는 영농비용에서 큰 비중을 차지한다. 앞으로 석유 생산량의 감소와 국제 원유가격의 불안정은 식량위기를 더욱 심화시킬 것이다. 이는 이미 최근 식량위기에서 관찰된 바 있다. 결국 육식과 화학농업은 환경 문제와 직결된다. 우리가 무엇을 먹고, 어떤 식재료를 선택하느냐가 지구의 생태적 건강에 영향을 줄 수 있다.

전 세계에서 생산된 먹거리는 트럭, 기차, 비행기, 선박 등을 이용해

먼 거리를 이동하게 된다. 먹거리의 이동 거리 증가는 흔히 푸드마일이라는 개념을 중심으로 논의된다. 푸드마일이란, 먹거리가 생산되어 실제 소비자에게 전달되기까지 움직인 거리를 의미한다. 예를 들어 캘리포니아산 오렌지는 5,968마일, 필리핀산 바나나는 1,624마일, 칠레산 포도는 1만 2726마일을 이동해서 한국에 도착한다. 세계화에 따라 식품의 이동 거리도 길어지고 있는 것이다. 장거리를 이동한다는 것은 그만큼 화석연료를 많이 사용한다는 것을 의미한다. 그리고 그 과정에서 이산화탄소와 같은 유해물질이 방출된다. 미국산 밀 1kg을 수입할 때 방출되는 이산화탄소의 양은 982kg인 데 비해 같은 양의 밀을 전라남도 해남에서 구입할 경우 방출되는 이산화탄소의 양은 63kg 정도이다. 결국 국내산 밀을 소비함으로써, 919kg의 이산화탄소를 줄일 수 있는 것이다.

앞에서 지적한 바와 같이 한국의 식량 자급률은 매우 낮다. 우리는 세계 각지에서 온갖 먹거리를 수입하고 있다. 이처럼 긴 푸드마일은 한국인들의 식탁을 채우기 위해 사용된 화석연료가 그만큼 많다는 것을 의미한다. 환경에 관심이 있다면, 기후 변화 문제가 우려된다면 우리가 할 수 있는 일 가운데 하나가 지역농산물을 소비하는 것이다. 요즘에는 전국 곳곳에 로컬푸드 직매장이 있다. 아니면 마트에서도 생산지를 확인할 수 있다. 가능하면 국내산을 먹고, 지역에서 생산된 먹거리를 구입하는 것이 일상에서 실천할 수 있는 환경운동이다.

먹거리 불평등과 자유무역

🍴

　사람은 굶주림 앞에 평등하다. 먹지 못하면 허기지고, 허기가 계속되면 결국 죽는다. 이러한 생물학적 특성은 물론 역사 속 사회관계의 위계에 의해 재구성된다. 즉 사회적 현실로서의 굶주림은 불평등하다. 불평등체계가 특정 지역, 특정한 계층만을 기아 상태로 빠뜨리는 반면, 이 기아를 활용하여 거대한 이익을 창출하는 자들이 있는 것이다.

　국제 농산물가격은 매우 불안정하다. 특히 기후 변화가 심각해지면서 해마다 급등락을 거듭하고 있다. 또한 세계화와 무역 자유화에 따라 농산물 생산의 지역적 전문화가 심화되고 있다. 각 지역에 기본이 되는 식량이 해당 지역에서 생산되지 않는 경우가 늘어나고 있다는 의미이다. 일반적으로 모든 인간의 기본 식량이 곡물이다. 가난한 사람도, 아니 가난한 사람일수록 그 의존도가 높은 먹거리가 곡물이다. 그런데 국제 곡물가격의 등락이야말로 예측하기 어렵게 진행되고 있다. 이에 따라 국제 농산물 시장에 의지하던 많은 개발도상국가들이 어려움을 겪었다. 보다 정확하게는 세계 주변부 국가들의 사회적 약자들인 빈곤층, 여성, 어린이들이 기아에 시달렸다. 이에 따라 적지 않은 국가들에서 식량폭동이 일어나고, 아사자가 발생하기도 했다. 1995년 WTO 농업협정은 자유무역을 바탕으로 하는 새로운 식량보장 개념을 내놓았다. 국민국가 단위의 식량 생산이 아니라 세계시장의 원활한 작동에 의해 식량이 보장되는 것으로 다시 규정되었던 것이다.

자유무역을 기반으로 하는 식량보장론은 실제로는 소수의 초국적 농식품기업들의 이익을 극대화하기 위한 이데올로기이다. 그 결과 제 3세계의 소농들은 식량 대신에 환금작물 생산에 종사하면서 자신의 식량은 수입에 의존하는 비극이 벌어졌다. 자유무역을 강조하면서 다수의 국가들이 자국 국민들에게 필요한 기본적인 식량을 생산하지 못하게 되었다. 결국 제3세계의 많은 농업국가들마저 식량을 수입하는 처지가 되었다. 따라서 국제 곡물가격이 상승하게 되면, 기본적인 주곡조차 자급하지 못하는 제3세계 국가들은 심각한 식량위기에 빠지게 된다. 언제나 그러하듯 이러한 식량위기 발생하면 가장 큰 피해자는 빈곤층과 어린이 등 사회적 약자들이다. 수많은 사람이 굶어 죽거나 영양실조에 시달리는 것이다.

식량이 충분히 공급되는 국가에서도 먹거리 불평등은 흔한 일이 되었다. 1980년대 이후 신자유주의 정책들이 보편화되면서 빈부격차가 커진 것이 가장 큰 원인이다. 정부가 불평등을 완화하기 위한 개입을 최소화해 왔던 것이다. 한국은 물론 대부분의 나라에서 빈부격차가 커지면서 먹거리 불평등도 심화되었다.

일반적으로 소득이 많고 교육 수준이 높은 사람들은 균형 잡힌 식사를 규칙적으로 한다. 적절한 양의 단백질을 섭취하고, 충분한 채소나 과일을 먹는다. 또한 건강에 좋지 않은 포화지방이나 당류 섭취를 제한한다. 반면 저소득층과 교육 수준이 낮은 사람들은 패스트푸드나 간편식을 많이 먹는다. 또한 신선한 채소나 과일보다는 통조림 식품을 섭취하는 경향이 강하다. 전체적으로 보면 지방과 당류의 소비가 많다. 이러한 먹거리 불평등은 건강 불평등으로 이어진다. 저소득층은 비만율이 높고, 비만이 야기하는 각종 성인병에 시달린다. 이는 의료비의 증가와 삶의 질 악화를 야기한다. 따라서 정부가 나서서 사회경제적 불평등 전반을 완화하는 역할을 하는 것이 중요하다.

지속 가능한 먹거리체계

🍴

지속 가능한 먹거리체계는 음식의 생산, 유통, 소비 과정이 생태계와 미래세대에 부담을 덜 주고, 사회적으로 포용적이어야 한다. 생태적 배려와 사회적 고려가 중요한 것이다. 이를 위해서는 다음과 같은 몇 가지 조건들이 갖추어져야 한다.

첫째, 모든 사회 구성원에게 최소한의 음식을 보장해야 한다. 국적이나 성별, 연령, 계층에 상관없이 굶주림이 없는 사회를 지향해야 한다. 기본적인 먹을 권리의 보편성이 실현되어야 한다.

둘째, 시민들이 안심하고 먹을 수 있는 건강한 음식을 생산해야 한다. 이는 소비자들에게는 식품 안전과 유기농의 문제로 귀결된다. 생산자 농민들은 농약의 위험에서 벗어나, 건강과 환경을 지키는 자연순환적 농법으로 전환해야 한다. 이러한 전환은 환경 문제의 해결에도 중요하다.

셋째, 음식의 공급체계가 단순하고, 짧아져야 한다. 생산지로부터 소비지, 그리고 생산자로부터 소비자까지의 물리적·사회적 거리를 줄여야 한다. 그래야 식품의 안전도가 높아지고, 생산자와 소비자 간의 신뢰가 쌓인다. 가까운 지역에서 생산하고, 소비하는 방식으로 전체 식품체계를 재편해 가야 한다. 생협, 농민장터, 공동체 지원농업 등이 그 예이다.

넷째, 사회생태적 정의social ecological justice의 시각에서 음식을 접근할 필요가 있다. 먹거리 불평등을 해결하고, 사회적 약자들을 배려할 수 있는 식품 정책이 적극적으로 실행되어야 한다. 또한 육식에 대한 근본적 성찰이 필요하며, 가축 사육 과정에서 동물복지가 실현되어야 한다.

다섯째, 음식을 통해 생각하고 행동하는 먹거리시민food citizen이 양성되어야 한다. 먹거리시민이란 음식 관련 이슈에 관심을 갖고, 음식에 대해 사회학적 상상력을 발휘하는 행위자이다. 먹거리시민이야말로 지속 가능한 먹거리체계를 실현하기 위한 핵심 주체라고 할 수 있다.

세상을 바꾸는 일은 쉽지 않다. 지속 가능한 먹거리체계로의 전환 역시 용이하지 않다. 하지만 음식과 먹기는 모든 사람에게 너무도 중요하다. 또한 매일 반복되는 일상의 일부이기도 하다. 음식과 먹기라는 미시적 영역에서의 작은 변화들이 먹거리체계를 바꿀 수 있다. 내가 무엇을 어떻게 먹는가가 세상을 변화시킬 수 있는 것이다.

○ 추천하는 책

김선미, 2010, 『살림의 밥상』, 동녘.

마이클 폴란(조윤정 역), 2008, 『잡식동물의 딜레마』, 다른세상.

이 책을 쓸 때
참고한
문헌들

공지영, 1998, 『봉순이 언니』, 푸른숲.

김선미, 2010, 『살림의 밥상』, 동녘.

김선희·정혜경, 2007, "한국인의 당류 공급 및 섭취실태," 『한국영양학회지』 40: 22~28.

김철규, 2014, "남한 농식품체계의 구조와 변화," 『지역사회학』 15(2): 191~218.

김철규·윤병선·김흥주, 2012, "먹거리 위험사회의 구조와 동학," 『경제와 사회』 96: 12~42.

김환표, 2006, 『쌀밥 전쟁』, 인물과사상사.

김흥주 외, 2015, 『한국의 먹거리와 농업』, 따비.

럽턴, 데버러(박형신 역), 2015, 『음식과 먹기의 사회학』, 한울.

리처, 조지(김종덕 외 역), 2017, 『맥도날드 그리고 맥도날드화』(8판), 풀빛.

리프킨, 제레미(신현승 역), 2002, 『육식의 종말』, 시공사.

멜링거, 난(임진숙 역), 2002, 『고기: 욕망의 근원과 변화』, 해바라기.

민츠, 시드니(김문호 역), 1998, 『설탕과 권력』, 지호.

밀즈, C. 라이트(강희경·이해찬 역), 2004, 『사회학적 상상력』, 돌베개.

박정배, 2016, 『한식의 탄생』, 세종서적.

박환일 외, 2011, "글로벌 식량위기 시대의 신식량안보 전략," 『종자과
학과 산업』 8(2): 25~47.

비어즈워스, 앨런·테레사 케일(박형신·정헌주 역), 2010, 『메뉴의 사회학』,
한울.

오스터비르, 피터·데이비드 소넨펠드(김철규 외 역), 2015, 『먹거리, 지구
화 그리고 지속가능성』, 따비.

육소영, 2017, 「식품수급표 분석에 의한 20세기 한국 생활수준 변화에
대한 연구」, 충남대학교 박사학위논문.

윤덕노, 2014, 『음식으로 읽는 한국 생활사』, 깊은나무.

윤병선, 2015, 『농업과 먹거리의 정치경제학』, 울력.

윤서석, 1985, 『한국요리』, 수학사.

이은희, 2018, 『설탕, 근대의 혁명』, 지식산업사.

이헌창, 2016, 『한국경제통사』(7판), 해남.

정은정, 2014, 『대한민국 치킨전』, 따비.

정혜경, 2015, 『밥의 인문학』, 따비.

조한경, 2017, 『환자혁명』, 에디터.

캐롤란, 마이클(김철규 외 역), 2013, 『먹거리와 농업의 사회학』, 따비.

해리스, 마빈(서진영 역), 2018, 『음식문화의 수수께끼』, 한길사.

허남혁, 2008,『내가 먹는 것이 바로 나』, 책세상.

황교익, 2011,『한국음식문화박물지』, 따비.

McMichael, Philip, 2009, "A food regime analysis of the 'world food crisis'," *Agriculture & Human Values* 26: 281~295.